KB037555

장자,
경계와 융합에 대한 사유

포스트 코로나 시대 〈장자〉 읽기

장자,
경계와 융합에 대한 사유

박영규 글

푸른영토

코로나가 세상을 바꿔 놓고 있다. 일하는 방식과 소통의 방식, 공간의 이동 등 삶의 양식을 통째로 바꾸고 있다. 문명의 대전환이 일어나는 계기가 될 것이라는 관측도 있다. 어떤 변화이든 현상적 변화에 그치지 않고 질적 변화, 근본적 변화가 일어날 것임이 분명해 보인다.

이러한 변화가 인류의 문명에 긍정적 모멘텀으로 작용하기 위해서는 사유의 변화가 뒷받침되어야 한다. 포스트 코로나 시대를 맞으면서 문명의 물질적 조건이 바뀌는데 정신적 조건인 사유는 코로나 시대에 머물러 있으면 뉴노멀이 제대로 자리를 잡을 수 없게 된다.

포스트 코로나 시대의 사유 패러다임은 어떤 모습이어야 할까? 만물을 경계 짓고 구분 지어 나에게서 타인을, 사람에게서 자연을 소외시키는 분리형 패러다임을 나와 타인, 사람과 자연을 통합적으로 사고하는 융합형 패러다임으로 바꿀 필요가 있어 보인다. 그동안 우리는 타인을 더불어 살아가는 이웃이 아니라 경쟁해서 물리처야 하는 객체로 인식했다. 그리고 자연은 인간의 삶을 윤택하게 만들기 위해 정복하고, 통제해야 하는 대상으로 인식했다. 이 때문에 나만 건강하고, 나만 잘 살면 된다는 이기적 생각이 만연해졌고, 타인과 자연은 철저하게 수단적 존재로 전락했다.

나의 건강에 대한 과도한 집착으로 자연이 허용하는 보편적 먹거리, 안전한 먹거리가 아니라 희귀한 것을 찾게 되고 그것을 식용으로 섭취한 사람들의 인체 내에서 생물학적 변이가 발생해 코로나와 같은 미증유의 대재앙이 시작되었다는 것이 대체적인 분석이다.

분리와 배제는 서양의 지적 전통이다. 플라톤은 감각 세계를 이데아와 구분 지어 배제했고, 데카르트는 연장과 사유를 서로 다른 실체로 인식, 서로를 분리시키고 배제시켰다. 칸트도 물 자체를 인식이 불가능한 영역으로 간주해 멀찌감치 배제시켰다. 스피노자와 같이 주체와 객체를 하나의 실체 속에서 통합적으로 인식한 경우가 없지는 않았지만 그것은 예외적인 경우였고 서양의 지적 전통에서 볼 때 스피노자는 비주류였고, 이단아였다.

동양의 인식론은 다르다. 노자는 무와 유를 도라는 하나의 실체 내에 통합적으로 존재하는 속성과 양태로 인식했고, 장자는 진리의 실체가 만물에 평등하게 통합적으로 존재하는 것으로 파악했다. 그래서 장자는 도라는 것이 똥이나 오줌, 땅강아지와 기왓장에도 존재한다고 봤다. 동양 사상의 최고봉으로 여겨지는 주역의 인식론도 노자와 장자의 그것과 다르지 않다. 주역에서는 만물의 질서가 태극이라는 도의 원형에 통합된 형태로 존재한다고 본다.

분리 지어 사물을 바라보는 서양의 인식론은 자연을 대하는 태도와 공동체 구성원 간의 윤리적 태도에도 영향을 미쳤다. '나는 생각한다. 고로 존재한다'라고 하는 데카르트 식 인식론은 인간을 사유하는 주체로 만들어 중세의 신학적 사유 패러다임에서 벗어나는 획기적 전환점을 제공했지만 동시에 인간을 자연과 분리시키는 반자연주의적 태도를 유포시키는 계기가 되기도 했다. 사유하는 주체인 '나' 이외의 타인과 자연은 객체와 대상이 되어 나에게는 무한정한 경쟁의 상대가 되고 심하게는 수탈, 탈취의 대상이 되었다.

산업혁명 이후 서구의 제국주의가 라틴 아메리카와 아시아, 아프리카를 식민지로 만들어 인적 자원과 물적 자원을 무자비하게 수탈한 이면에는 이러한 서양의 지적 전통이 자리 잡고 있었다. 내 가족, 내 나라의 풍요와 번영을 위해서는 남의 나라 영토와 자원을 수탈하는 것이 그들에게는 당연한 가치이자 윤리였다. 코로나 국면에서 극명하게 드러났지만 서양의 이러한 인식론은 극단적인 자유주의 윤리관을 시민들에게 이식시켰고, 시민들은 개인의 자유라는 이름으로 공동체의 안전과 조화보다는 자신의 이기적 욕망과 권리를 앞세우도록 길들여졌다.

이에 비해 동양의 지적 전통은 개인의 시민적 자유와 권리보다는 공동체 구성원으로서의 의무와 질서의식을 우선시하는 윤리적 태도를 배양시켰다. 코로나 국면에서 동양인들이 서양인들보다 마스크 착용률이 월등하게 높았다는 사실이 동서양의 이런 차이를 단적으로 보여준다. 코로나를 계기로 문명의 모범적 기준으로 간주되던 서구주의에 대한 반성과 성찰, 그리고 그 반대편에서 경원시되고 배척되어 온 오리엔탈리즘의 가치를 재발견하고 재평가하는 작업이 이루어져야 한다.

함민복 시인의 말처럼 모든 경계에는 꽃이 핀다. 그만큼 경계는 아름답다. 그러나 경계가 아름다운 것은 그것이 배제와 구분선이 아니라 통합과 융합이라는 변증법적 지양과 창조의 속성을 갖고 있기 때문이다.

3차 산업혁명과 4차 산업혁명, 코로나와 포스트 코로나 시대의 경계에 꽃을 피우기 위해서는 기술적 한계, 문명적 한계를 뛰어넘으려는 융합적 시도나 작용들이 넘쳐나야 한다. 이 책에서는 경계를 넘어 창조적 융합 현상이 발생할 수 있게 하는 조건들이 무엇인지 장자의 사유를 통해 추적해보고 있다. 장자는 소요유 편의 첫 머리에서 그러한 조건들을 우화의 형식을 빌려 알기 쉽게 일러준다. 흔히 알려진 대붕大鵬 이야기가 그것이다.

가장 먼저 공간의 한계, 경계를 돌파하라는 것이 장자의 주문이다. 대붕은 자신의 자리를 박차고 단숨에 구만리 상공으로 비상한다. 구만리를 환산하면 36,000km이니 지구라는 공간적 한계를 벗어나 우주로 진입하기에 충분한 거리다. 경계를 돌파하고 기존의 사유 패러다임을 벗어나 새로운 우주적 사유의 패러다임으로 전환한 상황을 장자는 대붕이라는 상상 속의 새를 비유로 들어 설명하고 있는 것이다. 이런 시각에 기댈 때 장자가 말하는 대붕은 오늘날의 우주선과 같은 것이다.

우주선을 타고 올라가 36,000km 상공에서 지구를 볼 때와 익숙한 공간에서 길들여진 눈으로 지구를 볼 때의 시각 차이는 양적으로 가늠할 수 없다. 이때 발생하는 사유의 전환 효과는 칸트가 말하는 코페르니쿠스적 전환을 훌쩍 뛰어넘는 수준이다.

둘째는 종간 경계를 돌파하는 것이다. 대붕은 원래 바다에 사는 곤이라는 물고기였다. 어류에서 조류로 종간 경계를 단숨에 돌파한 대붕은 수천 리에 달하는 물보라를 일으키면서 거침없이 창공으로 비상한다. 바닷가에 설치된 발사대에서 엄청난 양의 연기를 뿜어내며 솟구쳐 오르는 우주선 나로호를 생각하면 장자가 소요유 편의 대붕 에피소드에서 궁극적으로 무엇을 말하려고 하는지 쉽게 상상이 될 것이다.

셋째는, 시간의 한계를 초월하는 것이다. 대붕은 한 번 솟구쳐 날은 후 6개월을 쉬지 않고 난다. 사유의 패러다임 전환이 일어나기 위해서는 충분한 시간적 지속성이 담보되어야 함을 비유적으로 표현한 것이다.

넷째는 기존 지식의 한계를 뛰어넘는 것이다. 장자는 이러한 상황을 우물 안 개구리 비유를 들어 설명한다. 우물 안의 개구리는 바깥세상이 얼마나 넓은지 알 수 없다. 사유의 패러다임 전환이 일어나기 위해서는 편협한 기성 지식에서 자유로워져야 한다는 것이 장자의 설명이다.

호접몽 우화도 장자가 경계와 융합의 사유를 드러내기 위해 예를 든 대표적 에피소드 가운데 하나다. 장자의 꿈속에 나타난 나비는 인간과 자연의 경계를 자유롭게 넘나드는 융합적 존재다. 장자와 나비는 존재론적으로 아무런 차이가 없는 개체이며, 완벽하게 하나로 통합된 실체이다.

이 밖에도 이 책에서는 경계선을 탈주해 무한한 우주 안에서 유영遊泳하는 장자의 자유분방한 사고를 엿볼 수 있는 다양한 에피소드들을 소개하고 있다. 경영 전문 매거진인 동아비즈니스리뷰DBR에 연재한 글이라는 특성 때문에 융합적, 창의적으로 사고한 실리콘밸리 천재들의 사례도 풍부하게 실었다. 따라서 기술의 혁신, 조직의 혁신, 리더십의 혁신에 대한 새로운 시각에 목말라하는 기업인들에게도 꽤 유용한 시사점을 줄 수 있다고 본다.

"여행의 참된 가치는 새로운 풍경을 발견하는 것이 아니라 새로운 시각을 발견하는 데 있다"라고 한 마르셀 프루스트의 말처럼 이 책을 여행하면서 독자들이 새로운 지식이 아니라 새로운 시각을 발견할 수 있기 바란다.

차례

제2장 | 융합에 대한 사유

제1장

경계에 대한 사유

모든 것은 끊임없이 변화한다
미래를 훔치는 완벽한 방법, "경계를 품고 즐기고 넘어서라."

빅뱅이 있은 후 우주는 가스와 먼지로 뒤덮였다. 우주 공간을 휘몰아치는 회오리바람이 백 억년이라는 긴 세월 동안 먼지들을 눈사람처럼 뭉치게 만들었고 그 결과 많은 별들이 태어났다. 지구도 그렇게 탄생한 별들 중 하나였다.

오파린-홀데인 생명 가설에 의하면 수소와 메탄, 수증기가 풍부했던 초기 지구의 대기가 번개나 태양복사, 화산의 열에 노출되면 단순한 유기화합물의 혼합물이 형성된다. 이 유기화합물이 원시 바다에 축적되어 따뜻하고 묽은 유기물 수프가 만들어지고 이 수프를 영양분으로 삼아 바닷속에서 최초의 생명체가 탄생했다.

생명체는 자기 복제 능력을 가진 분자다. 이 특성 때문에 바닷속에는 생물들의 개체수가 기하급수적으로 늘어났다. 자연스럽게 생존경쟁이 치열해지고 변방으로 밀려나는 생물들도 생겨났다. 해륙海陸간 경계에 서게 된 생물들은 선택을 해야만 했다. 바닷속에서 버티다가 포식자에게 잡아먹힐 것인지 아니면 경계를 탈출해서 낯선 땅 육지로 거주지를 옮길 것인지. 경계에 내몰린 바닷속 생물들 가운데 대부분은 뭍으로의 이사를 포기한 채 바닷속에서 생명을 마감했다. 낯선 환경에 대한 두려움을 극복하지 못한 것이 주된 원인이었다.

반면 과감한 변화를 선택한 생물들도 있었다. 이들은 용감하게 육지로 삶의 터전을 옮겼고 그곳에 자손들을 퍼뜨렸다. 식물과 나무, 꽃들이 그렇게 태어났고 인간의 조상인 동물도 그렇게 태어났다. 하지만 육지라고 예외는 아니었다. 개체수가 늘어남에 따라 육지도 곧 약육강식의 생존경쟁 터로 바뀌었다. 그래서 변방(나무 끝)으로 밀려나는 동물들도 생겨났으며 이들 가운데는 또다시 경계를 돌파하는 종들이 생겨난다. 하늘을 나는 조류는 그렇게 탄생했다.

변화가 두려워 경계에서 머뭇거린 종들은 영원한 과거, 즉 화석으로 남았다. 반면 변화를 두려워하지 않고 경계를 돌파한 종들은 미래를 향해 끊임없이 나아갔다.

장자는 경계의 철학자다. 그는 문학과 철학, 자연과학과 인문과학의 경계에서 학문을 통섭적으로 즐겼으며 세월의 경계를 넘어 2500년이라는 미래를 훔쳤다. 서른세 편으로 구성된 〈장자〉는 경계를 넘어 새로운 세계로 도약하는 생명체들에 대한 우화로 시작된다.

> 북쪽 바다에 물고기가 있었는데 그 이름을 곤이라고 한다. 이 물고기가 변해서 새가 되니 그 이름을 붕이라고 한다. 붕이 하늘의 연못으로 이동하기 위해 날아오르니 물보라가 삼천리에 달했다. 붕은 6개월 동안 구만리를 날아간 후 비로소 쉬었다.
>
> 北冥有魚 其名爲鯤 化而爲鳥 其名爲鵬 是鳥也 海運則將徙於南冥 南冥者 天池也 水擊三千里 搏扶搖而上者九萬里 去以六月息者也
>
> —〈장자〉 소요유 편

장자는 이 우화를 통해 자신의 생명관과 세계관을 잘 보여준다. 바다에서 살던 곤(어류)이 하늘을 나는 붕(조류)이 된 것은 생명체가 종간種間 경계, 개체 간 경계를 넘어 우주 질서 속에서 하나로 통합되어 있음을 뜻한다. 종간 경계를 돌파한 붕은 북쪽 바다北冥에서 하늘의 연못天池으로 날아감으로써 공간적 경계를 뛰어넘었다. 그리고 6개월간 쉬지 않고 비행함으로써 시간적 경계마저도 초월했다.

붕은 낡은 세계의 틀을 깨고 나와 미래를 향해 비상하는 엘랑비

탈이다. 육지에는 이러한 붕의 비상을 조롱하는 생물들이 있었다.

> 쓰르라미와 새끼 비둘기가 붕을 보고 웃으면서 말했다.
> 살짝 날갯짓 해서 느릅나무에 내려앉으면 그만인데
> 저 새는 무엇 하러 구만리씩이나 난단 말인가?
> 蜩與學鳩笑之曰 我決起而飛 槍楡枋 奚以之九萬里
>
> ─〈장자〉소요유 편

쓰르라미와 새끼 비둘기는 변화를 두려워해 경계 너머의 세계를 품지 못하고 현실에 안주하는 개체나 조직을 상징한다.

종種은 끊임없이 변화한다. 종은 자신을 닮은 변종을 낳고, 그 변종은 또 다른 아亞종을 낳는다. 종과 변종, 아종 사이에 존재하는 경계는 실선이 아니라 점선으로 존재하는 것이다. 있기도 하고 없기도 한 선이다.

> "종이라는 이름은 서로 비슷한 일련의 개체에 대해 편의상 임의로 주어진 것이며 변종이라는 이름과 본질적으로 다르지 않다."
>
> ─찰스 다윈〈종의 기원〉.

그러나 분명한 것은 그 경계에서 종들의 운명이 갈렸다는 사실이다. 두려움을 극복하고 경계를 넘어선 종들은 미래를 향해 진화했고, 그것을 넘어서지 못한 종들은 퇴화하거나 멸종했다. 또 다른 우화에서 장자는 경계의 의미를 이렇게 말한다.

장자가 어느 날 산속을 거닐다가 가지와 잎이 무성한 큰 나무를 발견했다. 벌목공들이 그 옆에 있었지만 그들 가운데 어느 누구도 그 나무를 베려 하지 않았다. 장자가 그 까닭을 물었더니 그들은 "쓸 만한 것이 없다"라고 대답했다. 장자는 이렇게 말했다.

"이 나무는 쓸모가 없기 때문에 천수(天壽)를 다할 수 있구나."

장자가 산에서 내려와 옛 친구의 집에서 하룻밤 묵어가게 되었다. 친구가 장자를 대접하기 위해 심부름하는 종에게 거위를 잡아오라고 했다.

종이 "한 마리는 잘 우는데 한 마리는 잘 울지 못합니다. 그중 어느 놈을 잡아올까요?" 하고 물었다.

주인은 잘 울지 못하는 거위를 잡아오라고 말했다.

다음 날 제자가 장자에게 물었다.

"산중(山中)의 나무는 쓸모가 없어서 천수를 다할 수 있었는데 주인집 거위는 쓸모가 없어서 죽임을 당했습니다. 선생님께서는 장차 어디에 몸을 두시겠습니까?"

장자는 웃으면서 이렇게 말했다.

"나는 쓸모 있음과 쓸모없음의 사이에 머물 것이다. 그 둘이 만나는 경계에는 명예도 비방도 없다. 한 번은 용이 되기도 하고 한 번은 뱀이 되기도 하면서 시간의 흐름과 함께 끊임없이 변화한다."

— 〈장자〉 산목 편

경계는 변화의 출발점이다. 경계에 서지 않으면 새로운 것을 창조할 수 없으며 앞으로 나아갈 수 없다. 우화에 나오는 용과 뱀이라는 대립적인 사물은 경계에서 존재론적으로 소통하며 서로를 교환하기도 하고 마침내 하나로 통합된다. 그 과정에서 경계는 지양止揚되고 극복된다.

사물을 통합적으로 인식하면 경계가 없어진다. 사물을 대상화시키면 사물과 사물 사이에 경계가 생기게 된다. 경계는 영속적이지 않다. 사물은 경계가 있는 것에서 없는 것으로 변화하기도 하고 경계가 없는 것에서 있는 것으로 변화하기도 한다.

物物者與物無際 而物有際者 所謂物際者也 不際之際 際之不際者也 謂盈虛衰殺 彼爲盈虛非盈虛 彼爲衰殺非衰殺 彼爲本末非本末 彼爲積散非積散也

— 〈장자〉 지북유 편

연암 박지원은 조선과 중국의 국경을 이루는 압록강을 가리키면서 장자의 경계 철학을 멋지게 풀어냈다.

"도道란 알기 어려운 게 아니다. 바로 저 강 언덕에 있다. 압록강은 우리나라와 중국의 경계가 되는 곳이다. 그 경계란 언덕이 아니면 강물이다. 무릇 천하 인민의 떳떳한 윤리와 사물의 법칙은 강물이 언덕과 만나는 피차의 중간과 같은 것이다. 도라고 하는 것은 다른 데가 아니라 강물과 언덕의 중간 경계에 있다."

— 박지원 〈열하일기〉.

북경에서 열하로 가는 도중 연암은 하룻밤 사이에 강물을 아홉 번이나 건넌다. 연암은 강물 소리 때문에 두려웠지만 강물과 자신 사이에 가로놓인 경계를 통합적으로 인식함으로써 그 두려움을 극복했노라고 말한다.

"안장 위에 다리를 꼰 채 옹색한 자세로 앉았다. 한번 떨어지면 강물이다. 그때는 물을 땅이라 생각하고, 물을 옷이라 생각하고, 물을 내 몸이라 생각하고, 물을 내 마음이라 생각하리라. 그렇게 한 번 떨어질 각오를 하자 내 귀에는 강물 소리가 들리지 않았다. 무려 아홉 번이나 강을 건넜지만 아무 근심 없이 자리에서 앉았다 일어났다 그야말로 자유로운 경지였다."

.

— 박지원 〈열하일기 중 一夜九渡河記(일야구도하기)〉.

장자도 우화를 통해 같은 맥락의 가르침을 준다. 열어구는 활의 명인이었다. 그가 어느 날 스승인 백혼무인 앞에서 활 솜씨를 뽐냈다. 백혼무인은 열어구를 높은 절벽 위로 데려갔다. 그러고는 절벽 끝에 서서 낭떠러지를 내려다보면서 활을 쏘게 했다. 열어구는 부들부들 떨면서 활을 제대로 쏘지 못했다. 몸에서는 식은땀이 줄줄 흘러내렸다. 백혼무인은 이렇게 말한다.

　지인은 위로는 푸른 하늘을 엿보고, 아래로는 황천에 잠기며, 사방팔방을 두루 품어도 신기가 변하지 않는 법일세. 자네는 눈으로 그들을 경계 지으니 과녁을 명중시킬 수가 없는 것이라네.

　夫至人者 上闚青天 下潛黃泉 揮斥八極 神氣不變 今汝怵然有恂目之志 爾於中也殆矣夫

— 〈장자〉 전자방 편

포스트 코로나 시대는 분리와 배제가 아니라 융합과 통합이 시대정신으로 자리 잡을 것이다. 온라인과 오프라인, 사람과 사물, 사람과 자연, 동양과 서양, 지구와 우주가 하나로 통합되어야 인류가 코로나와 같은 대재앙으로부터 자유로워질 수 있기 때문이다.

경계 짓고, 구분 짓고, 배제하는 방식의 낡은 패러다임을 청산하지 못하면 제2, 제3의 코로나가 언제든지 인류를 위협할 수 있다.

이러한 문명사적 전환은 4차 산업혁명을 이끌고 있는 인공지능AI과 빅 데이터, 사물인터넷IoT과 같은 기술들이 뒷받침할 것이다. 이 기술들은 산업 간 경계를 무너뜨리고 있으며 온라인과 오프라인을 하나로 통합시키고 있다. 코닥이나 닌텐도, 노키아는 경계 속에 스스로를 가둠으로써 한때 몰락의 길을 걸었다. 반면 아마존과 구글, 페이스북은 경계를 넘어서려는 부단한 노력으로 미래를 선점해 나가고 있다.

동양철학자 최진석은 아침마다 "나는 곧 죽는다"라고 중얼거린다고 한다. 암 선고를 받은 이어령도 죽음을 생각할 때 자신의 삶이 농밀해진다고 고백한다.

두 석학은 자신의 존재를 날마다 삶과 죽음의 경계에 세움으로써 나태해지려는 마음을 다잡고 삶의 밀도를 높이고 있다. 경계는 자유롭고 독립적이고 강하다. 삶과 죽음의 경계를 이루는 스틱스강이 불사不死의 능력을 갖게 해주는 것은 경계가 주는 긴장감과 깨어 있음 때문이다.

영원한 기술은 없다. 영원한 기업도 없다. 기술과 기업의 혁신을 이루기 위해서는 부단히 경계에 서야 한다. 그 위에서 경계를 품고, 즐기고, 넘어서는 자만이 4차 산업혁명과 포스트 코로나라는 미래를 훔칠 수 있다.

·

완전한 자유는 모든 것을 초월한다
세상에 존재하는 모든 경계를 넘어서다.

경계는 존재에 테두리를 그음으로써 존재를 테두리의 안쪽과 바깥쪽으로 분리시킨다. 분리된 안과 밖은 서로를 배제한다. 그러나 경계가 있음으로써 안과 밖은 자신의 정체성을 뚜렷하게 할 수 있다. 그래서 서로 편하다. 이처럼 경계는 이중적이다.

조직 내에서 칸막이가 있으면 소통이 원활하지 않아 답답한 점도 있지만 업무의 책임과 권한을 명확하게 해 효율성을 높일 수 있는 이점이 있는 것도 경계의 이러한 이중성 때문이다.

서양의 지적 전통은 경계에 의해 분리되고 배제된 안과 밖을 이원론적으로 사유했다. 플라톤은 감각 세계를 이데아와 구분지어 생각했고, 데카르트는 연장과 사유를 경계 지어 두 개의 차원으로 만들었다. 칸트도 물 자체의 인식이 원천적으로 불가능하다며 감각의 세계에서 멀찌감치 밀어냈다. 스피노자처럼 연장과 사유를 동일한 실체에 존재하는 두 가지의 양태로 보며 물질과 정신의 화해와 통합을 시도한 철학자가 없지는 않았지만 그것이 서양철학의 주류를 차지하지는 못했다.

그러나 플라톤에서 데카르트를 거쳐 칸트로 이어진 그러한 경계 지움이 무용한 것만은 아니었다. 경계는 근대과학혁명을 태동시켰고, 문명을 폭발적으로 성장시키는 모멘텀을 제공했다. 갈릴레이 갈릴레오와 뉴턴은 물질세계와 정신세계를 신의 이름으로 통합시켜놓은 중세적 사고를 거부했다. 그들은 객관적인 물질세계를 신의 영역에서 완전하게 분리시킨 후 인간 이성의 영역으로 끌어왔다. 그리고 합리적으로 관찰했고, 그를 바탕으로 물질과 세상에 대한 과학적 이론을 정립했다.

신과 인간, 정신과 물질에 대한 경계 지움이 없었더라면 근대과학 이론이 탄생할 수 없었다. 합리적 영역으로 들어온 세상은 비로소 과학적으로, 체계적으로, 편안하게 작동하기 시작했고, 그로써 근대문명이 시작되었다.

그러나 양자역학의 등장으로 이러한 뉴턴식 근대 과학 이론에 균열이 생기기 시작했다. 하이젠베르크와 닐스 보어 같은 과학자들은 엄격한 경계에 기반 한 뉴턴식의 물리이론에 의문을 제기했다. 이중 슬릿 실험으로 존재의 기초를 이루는 원자들 사이에는 아무런 경계가 없음이 객관적으로 입증되었으며, 입자와 파동의 이원론적 구분을 기초로 정립된 근대 물리학의 사유 체계는 더 이상 설자리가 없게 되었다. 편안하게 여겨지던 과학세계는 더 이상 편안함에 머물러있을 수 없게 되었다. 뭔가 새로운 대안을 찾아야 했다. 양자의 세계를 무無와 같은 개념으로 보고 물리학 이론의 한계를 철학적으로 돌파하려는 시도들이 나타나고 있는 것도 그러한 탐색의 일환이다.

물질과 정신, 주체와 객체, 연장과 사유, 그 둘 사이에 존재하는 긴장과 갈등을 지양하고 하나로 통합하려는 시도는 동양에서 더 자연스럽게 이루어져왔다. 노자는 무와 유를 도道라는 하나의 실체에 존재하는 두 가지의 양태로 인식했고, 장자는 도라는 것이 물질세계에 골고루, 균일하게, 통합적으로 존재한다고 봤다. 그래서 똥이나 오줌, 기왓장과 땅강아지에도 도가 존재한다고 말했다. 동양 사상의 최고봉인 주역에서도 만물은 구분되지 않는다. 삼라만상은 64괘라는 프레임 안에서 하나로 연결되어 있으며, 끊임없이 변화하고 순환한다. 장자는 소요유 편에서 경계의 이중성을 다음과 같은 우화를 통해 통찰하고 있다.

지혜가 한 직책에서 효과를 내고, 행실이 한 고을에 알맞으며, 덕이 한 임금에게 부합하고, 능력이 한 나라에 쓰이는 자들은 대붕이 구만리 상공을 솟구쳐 오르는 이유를 모르는 메추라기와 같은 자들이다. 송영자는 느긋하게 이들을 비웃었으니, 비록 온 세상 사람들이 그를 칭찬하더라도 더 힘쓰지 않았으며, 온 세상 사람들이 그를 비난하더라도 더 기죽지 않았다. 안과 밖의 경계를 정하고 영욕의 경계를 지어 이를 구분하였으니 그뿐이었다. 그가 세상사에 급급했던 적은 없었지만 그는 여전히 경계 안에만 머물렀을 뿐이다. 열자(列子)는 바람을 부리면서 타고 다녀 상쾌하게 기분이 좋았고, 보름이 지난 뒤에 돌아왔으나 그는 바람을 타는 복을 누리는 것에 급급한 적이 없었다. 하지만 그 또한 바람에 의지하는 바가 있었다. 만약 천지의 바른 기운을 타고 그 변화를 자유자재로 다스리면서 무궁함에 노니는 자라면 그는 결코 아무것에도 의지하지 않을 것이다. 그래서 말하노니, 지인은 자기를 의식함이 없고, 신인은 공로를 의식함이 없으며, 성인은 이름을 의식하는 바가 없다.

故夫知效一官 行比一鄉 德合一君 而徵一國者 其自視也亦若此矣 而宋榮子 猶然笑之 且擧世而譽之 而不加勸 擧世而非之 而不加沮 定乎內外之分 辯乎榮辱之竟 斯已矣 彼其於世 未數數然也 雖然猶有未樹也 夫列子 御風而行 泠然善也 旬有五日而後反 彼於致福者 未數數然也 此雖免乎行 猶有所待者也 若夫乘天地之正 而御六氣之辯 以遊無窮者 彼且惡乎待哉 故曰至人無己 神人無功 聖人無名

— 〈장자〉 소요유 편

송영자와 열자는 장자에 등장하는 의인화된 인물 가운데 하나인데, 이 둘은 경계의 이중성을 상징적으로 보여준다. 송영자는 세속적인 가치기준과 자신의 가치관 사이에 뚜렷한 경계를 지어 놓고 상대적인 자유를 누렸다. 사람들의 칭찬과 비난에 일체 연연해하지 않고 편안한 삶을 누렸다. 하지만 그러한 자유와 편안함이란 자신이 그어놓은 경계선 내에서만 작동하는 것이었기에 절대적 자유와는 거리가 멀었다.

열자가 바람을 타고 유유자적한 삶을 산 것도 마찬가지이다. 열자는 바람을 자유자재로 부리면서 노닐었다. 한 번 바람을 타면 보름간 쉬지 않았다. 시간과 공간의 경계를 초월한 자유인이었던 셈이다. 하지만 장자가 볼 때 그 또한 완전한 자유를 누린 것은 아니었다. 바람이라는 외물外物에 의지한 바가 있었기 때문이다.

장자는 완전한 자유를 누리는 사람에게는 자아의 경계가 없고, 공功이 없고, 이름이 없다고 말한다. 원문에서 장자가 말하는 지인至人과 신인神人, 성인聖人은 경계를 초월한 절대 자유의 경지에서 노니는 존재를 의인화한 인물들인데 장자는 위의 우화에 이어지는 대목에서 그들의 경지를 다음과 같이 묘사하고 있다.

피부는 얼음이나 눈처럼 희고, 부드럽기는 처녀와 같다. 오곡을 먹지 않고 바람을 들이쉬고 이슬을 마시며, 비룡을 부리면서 사해의 밖에서 노닌다. 그 정신이 응집되면 만물을 병들지 않게 하고, 그해 곡식을 잘 익게 한다. 큰 홍수가 하늘까지 이르러도 빠져 죽게 하지 못하고, 큰 가뭄에 쇠와 돌이 녹아 흐르고 땅과 산이 타더라도 뜨겁게 하지 못한다. 이런 사람은 그의 때와 쭉정이라도 요순을 만들어낼 자이다.

肌膚若氷雪 綽約若處子 不食五穀 吸風飮露 乘雲氣 御飛龍 而遊乎四海之外 其神凝 使物不疵 而年穀熟 大浸稽天而不溺 大旱金石流 土山焦而不熱 是其塵垢秕糠 將猶陶鑄堯舜者也

— 〈장자〉 소요유 편

사람은 누구나 경계 안에서 상대적 자유를 누릴 때 더 편하다. 송영자처럼 스스로 경계를 그어놓고 그 안에서 안락한 삶을 추구하는 것도 그것이 더 편하기 때문이다.

장자가 말하는 지인이나 신인, 성인처럼 절대적 자유를 추구하는 사람을 현실 세계에서 발견하기는 쉽지 않다. 그러한 사람은 판타지 속에서나 찾아볼 수 있을 뿐이다. 그러나 예외적인 인물은 언제나 있다. 한국에서 태어났지만 독일과 미국, 일본 등을 오가며 유목민처럼 살다 간 백남준이 그러한 인물 가운데 하나이다.

백남준은 경계를 완벽하게 초월한 천재 예술가였다. 백남준은 세상에 존재하는 모든 경계를 부쉈다. 그리고 넘어섰다.

경기중학교에 다닐 무렵 백남준은 아르놀트 쇤베르크의 음악에 심취했다. 쇤베르크는 도레미파솔라시의 7개 음으로 구성되는 기성적인 음악 질서를 파괴한 후 12음 기법을 최초로 도입한 현대음악의 아버지였다. 협화음 대신 소음에 가까운 불협화음으로 된 곡으로 연주회를 열었는데 그의 음악을 듣고 있던 청중들이 난동을 부렸다는 일화는 유명하다.

백남준은 쇤베르크의 이런 파괴적 성향을 좋아했다. 〈아르놀트 쇤베르크 연구〉라는 논문을 도쿄대학 미학과 졸업논문으로 제출한 것도 그 때문이었다. 백남준의 예술세계에 영감을 준 또 다른 인물인 존 케이지도 경계를 거부한 예술가였다.

소음을 포함한 삼라만상의 모든 소리가 음악이 될 수 있다는 것이 존 케이지의 철학이었고, 백남준은 그의 음악을 처음 접하는 순간 '마치 모래를 씹은 것 같은' 그런 충격을 받았다고 말한다. 머리에 물감을 잔뜩 묻힌 뒤 기다란 화선지 위에 휘휘 선을 그리는 〈머리를 위한 참선〉이나 몇 분간에 걸쳐 천천히 바이올린을 머리 위로 들어 올린 후 순식간에 내리쳐 박살 내버리는 〈바이올린 솔로를 위한 독주〉, 벗은 구두에 따른 물을 단숨에 마셔버리는 〈심플〉과 같은 백남준의 초기 작품들은 존 케이지가 추구했던 무정형의 철학에서 영향을 받은 행위예술이었다.

비디오 아티스트로 전향한 이후 백남준이 발표한 작품들에서 우리는 경계가 갖는 미학적 의미와 백남준이 추구한 예술세계의 진면목을 엿볼 수 있다. TV 화면에 비친 자신의 모습을 관조적으로 바라보는 〈TV부처〉라는 작품에서 백남준은 동양의 선(禪)과 서양의 테크놀로지를 결합시킴으로써 물질과 정신이라는 경계를 부쉈다. 데카르트 이후 오랜 시간 해결되지 못하고 있던 정신과 물질의 통합이라는 서양철학의 해묵은 숙제를 백남준은 이 작품을 통해 단박에 뛰어넘은 것이다.

미술관 내에 살아 있는 식물을 풍성하게 들여놓고 그 사이사이에 TV를 배치해 놓은 〈TV정원〉이라는 작품을 통해서 백남준은 자연과 문명의 경계마저도 뛰어넘었다. 그뿐만 아니라 초승달이 보름달로 차오르는 모습을 12개의 TV 모니터에 담아 우주 질서의 순환을 표현한 〈달은 가장 오래된 TV〉라는 작품에서는 시간의 경계도 초월했다. 서울과 뉴욕, 파리, 도쿄 등을 하나로 묶어 동시에 생중계하는 형식을 취했던 〈바이바이 키플링〉이나 〈굿모닝 미스터 오웰〉에서 백남준은 지구상에 존재하는 모든 공간의 한계를 훌쩍 뛰어넘었다. 동양과 서양으로 경계 지워져 있던 세상은 백남준의 작품 속에서 하나로 통합되었다.

백남준은 뇌졸중으로 쓰러져 휠체어에 의존해 삶을 유지하고 있던 인생 후반기에 이른 시점에서 레이저아트 기법이라는 새로운 영역을 개척했다. 뉴욕의 구겐하임 미술관에 전시되었던 〈동시 변조〉라는 레이저 아트 작품에는 하늘과 땅, 인간의 경계와 함께 삶과 죽음의 경계마저도 뛰어넘으려는 천재 예술가의 혼이 깃들어있다. 극한 상황에서도 백남준은 끊임없이 새로운 시도를 했고, 그를 통해 자신의 한계를 뛰어넘고자 했던 것이다. 아내였던 구보타 시게코久保田成子의 표현처럼 백남준은 자신의 작품세계를 통해 인간이라는 경계를 넘어서 신이 되고자 했다.

그는 장자에 나오는 신인神人이었다. 백남준이 레이저 아트라는 기법을 통해 사각의 모니터라는 공간적 제약에 갇혀 있는 미디어를 해방시키겠다고 선언하자 기자가 "몸도 성치 않은데 왜 그런 시도를 하느냐?"라고 묻자 백남준은 "사과만 먹는 것보다 키위나 망고도 먹어보는 게 더 즐겁다"라고 답했다.

경계를 뛰어넘지 못하면 단일한 경험, 단일한 공간, 단일한 질서 내에 머물러야 한다. 경계를 돌파할 때 비로소 삶은 더 윤택해지고 문명은 더 풍요로워진다.

4차 산업혁명 시대를 이끌고 있는 사물인터넷IoT이나 빅 데이터, 인공지능AI, 자율 주행과 같은 플랫폼들도 기존의 한계와 경계를 넘어서려는 신기술들이다. 사람과 사물, 사람과 기계, 공간과 공간의 경계를 넘어서 새로운 융합적 가치를 더 빠르게, 더 완벽하게 만들어내는 사람과 기업이 4차 산업혁명의 최종 승자가 될 것이다. 그들이 인류에게 선사할 새로운 키위와 망고의 맛이 어떨지 자못 궁금하다.

뒤집고, 뒤집고 또 뒤집어라
전복적 사고는 사유의 낡은 틀을 깨는 망치

1968년 멕시코 올림픽. 텔레비전으로 높이뛰기 경기를 지켜보던 사람들의 눈이 휘둥그레졌다. 미국을 대표해 출전한 딕 포스베리 선수의 기상천외한 동작 때문이었다. 딕 포스베리는 얼굴과 가슴은 하늘을 향하고 등은 땅을 향하는 이른바 배면背面 뛰기 자세로 바bar를 훌쩍 넘었다.

높이뛰기는 1896년 제1회 아테네 올림픽부터 정식종목으로 채택되었지만 그때까지 모든 선수들은 다리를 가위처럼 쭉 벌리는 가위뛰기나 얼굴과 가슴이 땅을 향하는 엎드려 뛰기 자세로 바를 넘었다. 배면뛰기를 시도한 선수는 딕 포스베리가 처음이었다. 아무도 시도하지 않았던 새로운 기술을 구사한 딕 포스베리는 올림픽 신기록을 갈아치우며 금메달을 목에 걸었다. 그리고 배면뛰기는 포스베리 플랍Forsbury Flop으로 불리며 높이뛰기 기술의 정석이 되었다. 선수 개인의 전복順覆적 사고가 높이뛰기의 패러다임을 바꾼 것이다.

스위스 작가 비트만은 〈선악의 저편〉이라는 니체의 저작을 다이너마이트에 비유했다. 니체 스스로는 자신의 사상을 쟁기 날, 망치라고 했다. 표현 그대로 니체는 자신의 철학으로 세상을 갈아엎고, 부수고, 폭파시켰다. 짧고 간결한 니체의 아포리즘은 중세적 가치관과 질서를 완전히 뒤집었다. 니체에 의하면 인간은 극복되어야 하는 그 무엇이다. 새로운 삶을 시작하려면 먼저 세상의 판을 뒤집고 나를 넘어서야 한다.

장자도 모든 것을 뒤집었다. 시간과 공간의 개념을 뒤집고 기성적 가치와 규범을 뒤집었다. 대붕大鵬, 호접몽胡蝶夢과 같은 〈장자〉의 대표적 에피소드들은 이러한 전복적 사고의 결정판이다. 장자가 활동하던 당시 유교는 모든 가치 규범의 척도였고 유교의 창시자 공자는 성인이었다. 그러나 장자의 생각은 달랐다.

〈장자〉도척 편에 나오는 다음 우화를 보자. 어느 날 공자가 유하계에게 말했다. 유하계는 공자의 친구였으며 공자는 그의 인품을 높이 샀다. 〈논어〉에는 유하혜라는 이름으로 나온다.

"그대에게 도척이라는 동생이 있지 않소? 그는 남의 집을 무단으로 침입해서 재물을 훔치고, 사람을 무자비하게 죽이는 등

36

악행을 일삼고 있소. 천하 사람들의 비난이 자자함에도 불구하고 그대는 강 건너 불구경하고 있으니 참으로 딱하오."

그러면서 공자는 자신이 유하계를 대신해 도척을 만나 그를 착한 사람으로 만들어놓겠다고 했다. 유하계는 그래봐야 아무 소용 없다며 공자를 만류했다. 그러나 공자는 유하계의 만류에도 불구하고 도척의 산채를 찾아갔다. 공자는 산채 지기에게 자신이 도척에게 볼 일이 있어 왔다며 면담을 요구했다. 기별을 받은 도척은 이렇게 말했다.

"그는 저 노나라의 위선자 공구가 아니냐? 나 대신 그에게 전하라. 너는 적당히 말을 만들고 지어내어 함부로 문왕과 무왕을 칭송하며, 머리에는 나뭇가지같이 이것저것 장식한 관을 쓰고, 농사를 짓지도 않으면서 먹고살며, 길쌈을 하지도 않으면서 옷을 입는다. 당장 돌아가거라. 그렇지 않으면 네 간으로 점심 반찬을 만들겠노라."

공자가 유하계와의 친분을 내세우며 재차 면담을 요구하자 도척은 마지못해 허락했다. 공자는 유교의 인의 사상을 내세워 도척을 설득하려 했다. 하지만 도척은 크게 노여워하며 이렇게 말했다.

"너는 옛 성현의 도를 기반으로 유교를 만들었다. 그러나 실상을 따지고 보면 너는 헛된 말과 거짓 행동으로 천하의 임금들을 미혹시키어 부귀를 추구하려는 것에 불과하다. 도둑치고 너

보다 더 큰 도둑은 없는데, 세상 사람들은 어찌하여 너를 도구盜
丘라 부르지 않고, 반대로 나를 도척盜跖이라고 부르는 게냐!"

ㅡ〈장자〉도척 편

우화의 형식을 빌리고 있지만 유교와 공자에 대한 장자의 일갈
은 신랄하다. 장자는 기존의 도덕관념을 송두리째 뒤집었다. 당시
사람들의 생각과는 달리 장자에게 있어서 유교는 악의 근원이고
공자는 천하를 훔치는 도적이다. 천하가 올바르게 다스려지려면
우선 유교에서 강조하는 성聖과 지智에 대한 기존 관념부터 버려야
한다는 것이 장자의 생각이다.

먼저 성을 끊고 지를 버려라. 그러면 천하는 크게 다스려
진다.

絶聖棄智 天下大治

ㅡ〈장자〉재유 편

장자에 의하면 자신을 성스러운 사람, 지혜로운 사람이라고 내
세우면서 상대를 저속하고 무지한 사람이라고 몰아붙이는 것은
분쟁의 씨앗만 키우는 어리석은 행동이다. 제대로 된 사람은 거꾸
로 한다. 자신을 내세우지 않으며, 자신의 공로와 이름을 감춘다.

지인에게는 자기가 없으며, 신인에게는 공이 없고, 성인에게는 이름이 없다.
至人無己 神人無功 聖人無名

<장자> 소요유 편

니체는 창조적 인간이 되기 위해서는 어린아이가 되어야 한다고 말했다. 장자도 똑같이 말했다.

지극한 도에 들어서기 위해서는 낡은 관습에 젖은 자아를 끊임없이 버리고 순수한 어린아이처럼 될 수 있어야 한다. 어린아이가 종일 울어도 목이 쉬지 않는 것은 조화로움이 지극하기 때문이다.
能侗然乎 能兒子乎 兒子終日嗥而嗌不嗄 和之至也

<장자> 경상초 편

신제품을 개발하기 전에 소비자조사를 하는 것은 경영학적 상식에 속한다. 그러나 스티브 잡스는 이런 상식을 깨버렸다. "왜 소비자조사를 하지 않느냐?"라는 기자의 질문에 스티브 잡스는 "에디슨이 전구를 발명할 때 소비자조사를 했느냐?"라고 답했다.

허먼밀러사의 CEO 브라이언 워커가 말한 것처럼 소비자조사의 문제점은 소비자는 자신들이 이미 알고 있는 것만 답한다는 사실

.

39

이다. 소비자조사에 의존하면 좀 더 개량된 제품을 만들 수는 있지만 상식을 완전히 뛰어넘는 혁신적 제품을 만들어낼 수는 없다.

스웨덴에 본사를 둔 가구업체인 이케아가 글로벌 가구 시장을 석권한 것도 상식을 뛰어넘는 전복적 사고 덕분이었다. 이케아는 편리함이 아니라 불편함을 소비하는 기업이다. 소비자들은 완제품을 구매하는 것이 아니라 조립 품을 구매한다. 소비자들은 조립품과 함께 들어있는 플랫팩(이케아 가구의 조립방법)의 매뉴얼에 따라 가구를 직접 조립한다. 불편하기도 하고 시간도 제법 소요되지만 소비자들은 그 불편함과 기회비용을 기꺼이 감수한다. 그리고 자신의 손으로 직접 완성한 가구를 바라보면서 뿌듯해한다.

일본의 맥주 제조회사인 삿포로가 출시해 크게 히트시킨 드래프트원도 마찬가지다. 삿포로는 맥주의 떫은맛을 없애기 위해 맥주의 주원료인 맥아를 버렸다. 대신 완두콩을 원료로 썼다. 맥아가 없는 맥주가 있을 수 있냐고 의문을 제기할 수 있지만 삿포로는 그런 상식을 완전히 뒤집었다.

슘페터가 말한 것처럼 자본주의 경제체제가 지속적으로 성장하기 위해서는 기업가의 창조적 파괴, 혁신적 마인드가 선행되어야 한다. 그동안 투자한 게 아까워서 파괴를 감행하지 못하는 기업이 있다. 삼성이 그랬다. 삼성은 애플보다 먼저 스마트폰 기술을 확보하고 있었지만 당시 잘나가던 2G폰 시장에 안주하다가 애플에게 선수를 빼앗겼다. 평소 창조적 파괴를 경영 모토로 삼고 있던

이건희 회장이었지만 이때만큼은 낡은 틀에 얽매이다가 글로벌 시장에서 주도권을 내줬다.

4차 산업혁명 시대의 주역이 되려면 니체의 다음 경구를 한시도 잊지 말아야 한다.

"창조하는 사람은 항상 낡은 것을 무너뜨린다. 미래, 가장 멀리 있는 미래를 그대들이 오늘 존재하는 존재 이유로 삼아라."

— 니체, 〈차라투스트라는 이렇게 말했다〉

양의 차이가 질적인 변화를 가져온다

빅 데이터는 시공간의 경계를 돌파한 대붕(大鵬)이다.

백의의 천사를 상징하는 나이팅게일에게는 잘 알려지지 않은 사실이 하나 있다. 그가 영국왕립통계학회 최초의 여성 회원이라는 사실이다.

1854년 크림전쟁 당시 영국군 야전병원 간호사로 참전했던 나이팅게일은 전투 중 사망한 군인들의 수보다 2차 감염에 의해 사망하는 군인들의 수가 많다는 점을 발견한다. 나이팅게일은 환자들의 입퇴원 기록과 감염 현황, 사망자 수 등에 관한 데이터를 통계표로 작성, 이를 근거로 병원 내 위생 상태를 획기적으로 개선한다. 그 결과 부상 군인들의 사망률은 42%에서 2%로 감소했다. 데이터의 힘이 사람의 생명을 구한 것이다.

자료의 크기가 늘어나고, 종류가 다양해지고, 처리 속도가 빨라질 때 데이터의 힘은 보다 더 세진다. 3VVolume, Variety, Velocity를 특징으로 하는 빅 데이터는 부상병 치료에 그치지 않고 모든 질병을 사전에 예측, 관리함으로써 인간의 건강을 보편적으로 증진시키고 수명을 연장시킨다.

헬스케어에만 빅 데이터가 이용되는 것은 아니다. 빅 데이터는 마케팅, 엔터테인먼트, 출판, 교통 등 다양한 영역에 활용되고 있으며 우리의 일상을 근본적으로 변화시키고 있다. 4차 산업혁명이 가능한 것은 그를 뒷받침하는 든든한 지원군, 즉 빅 데이터가 있기 때문이다.

데이터는 세상에 널려 있다. 아니 세상의 모든 것이 데이터다. 문제는 데이터를 수집하고, 분석해서 그를 바탕으로 사람의 행동과 세상을 좀 더 나은 방향으로 변화, 발전시킬 수 있는 툴이다. 구슬이 서 말이라도 꿰어야 보배라는 말이 있듯이 아무리 많은 데이터가 있어도 그것을 꿸 수 있는 끈(툴)이 없으면 무용지물이다.

그것을 가장 잘 하고 있는 기업 중 하나가 바로 미국 실리콘밸리의 구글이다. 현재는 그 가치가 수백조 원이 넘는 거대 기업이 되었지만 구글의 시작은 미약했다. 달랑 네 모 박스 하나가 구글의 출발이었다. 하지만 그 자그마한 네모 박스 하나가 세상을 통째로 바꾸는 빅 데이터의 산실이 되었다. 사람들이 시시각각으로 네모 박스에 처넣는 단어들이 모이고 모여 거대한 태산이 되었다. 처음에는 '구글'이라는 단어 하나가 데이터의 전부였지만 지금은 수천억 개의 데이터가 쌓였다. 사랑과 전쟁, 행복, 스포츠, 먼지, 꽃, 별 등 구글의 빅 데이터에는 인간의 모든 욕망, 세상의 모든 존재들이 다 들어있다. 구글은 깊고 푸르고 넓은 데이터의 바다를 발판으로 힘차게 솟아올랐다. 그리고 광활한 우주 속을 자유롭고 편안하게 유영遊泳하고 있다. 〈장자〉의 들머리 글인 소요유 편에 대붕大鵬이라는 새 이야기가 나온다. 이 대붕이 바로 오늘날의 빅 데이터이다.

빅 데이터는 그 크기가 워낙 커서 인간의 머리로는 헤아릴 수가 없다. 처리 속도도 날갯짓 한 번에 구만리를 솟구쳐 오르는 대붕처럼 빨라 사람의 머리로는 도저히 따라갈 수 없다. 알파고처럼 14만 개의 바둑 기보棋譜를 통으로 집어삼킬 정도로 빅 데이터의 속은 깊다. 영화 〈허Her〉에 나오는 인공지능 사만다처럼 0.02초 만에 책 한 권을 다 읽고 자신의 이름을 지을 수 있을 정도로 두뇌 회전도 빠르다.

데이터가 절대적인 힘을 가지기 위해서는 그만큼 깊고 두터워야 한다. 그렇지 않으면 빅 데이터가 될 수 없다. 나이팅게일의 데이터는 스몰 데이터였다. 구글의 데이터는 빅 데이터다. 나이팅게일의 스몰 데이터는 부상당한 군인 수백 명의 목숨을 살렸지만 구글의 빅 데이터는 인류의 보편적 건강과 생명 연장을 지향한다.

소요유 편의 에피소드에서 장자는 양의 차이가 질적인 변화를 가져오는 원리를 다음과 같이 표현한다.

물이 깊지 않으면 큰 배를 띄울 수가 없다. 마당에 물을 한 그릇 부은 후 풀잎을 띄우면 배처럼 뜨지만 잔을 띄우면 가라앉는 것은 물은 얕은데 배는 크기 때문이다. 바람이 두텁지 않으면 큰 날개를 받쳐줄 수가 없다. 구만 리는 솟구쳐 올라가야 바람을 타고 푸른 하늘을 배경으로 막히는 것 없이 남쪽으로 날아갈 수 있다.

水之積也不厚 則負大舟也無力 風之積也不厚 則負大翼也無力

— 〈장자〉소유 편

무인자동차가 도로 위를 질주하고, 드론이 하늘을 날 수 있는 것은 도로와 하늘 등 지리적 공간에 대한 깊고 넓은 데이터가 받쳐주기 때문이다. 고속도로 몇 군데에 관한 제한된 정보만으로는 자동차가 스스로의 판단으로 스마트하게 움직일 수가 없다. 국도, 지방도, 골목길 등 땅 위의 모든 길과 그 길 위에 설치되어 있는 각종 장애물, 신호등, 주차장 등 관련된 모든 정보가 내장되어 있어야 자동차가 사람보다 더 똑똑하고 안전하게 도로 위를 달릴 수 있다.

빅 데이터 이전의 컴퓨터는 개와 고양이조차 구분하지 못했지만 빅 데이터로 무장한 컴퓨터는 둘의 구분은 물론이고 그들이 무슨 종種인지도 알아볼 정도로 똑똑해졌다. 페이스북과 인스타그램, 트위터 등의 SNS에 떠돌아다니는 개와 고양이에 관한 수 억만

건의 데이터를 학습한 결과이다. 건물의 높이로 칠 때 인간의 신경망은 10층 정도의 높이에 해당된다. 알파고는 48층이다. 인간의 뇌보다 4.8배 더 똑똑한 기계와 싸워 인간은 4:1로 패했다. 데이터가 누적되면서 구글의 인공지능AI은 이미 150층 높이를 돌파했다. 200층, 300층에 도달하는 것은 시간문제다. 사만다처럼 특이점 singularity을 통과해 자율적으로 의사결정을 하고 인간의 삶을 지원, 협력, 통제할 수 있는 빅 데이터가 출현할 날도 머지않은 셈이다.

2012년 10월, 하버드 비즈니스 리뷰HBR는 데이터를 수집하고 분석하는 일을 전문적으로 하는 데이터 과학자Data Scientist를 21세기의 가장 유망한 직업으로 꼽았다. CEO의 감과 직관에만 의존하는 기업은 4차 산업혁명 시대의 흐름을 제대로 쫓아갈 수 없다. 혁신 기업이 되기 위해서는 깊고 두터운 데이터가 말해 주는 시그널에 주목해야 한다. 데이터는 세계를 보는 창窓이면서 편견을 깨는 창槍이다.

유유제약은 그동안 유아용 멍 치료제만 생산해왔다. 하지만 빅 데이터에 기반 한 시장조사 결과 어린이보다는 어른들의 멍 환자가 4배 가까이 더 많다는 사실을 파악하고 성인용 멍 치료제를 생산하기 시작했다. 데이터가 기업의 편견을 깨준 것이다.

스페인에 본사를 두고 있는 자라Zara는 빅 데이터를 활용해서 고객들의 취향을 신속하게 판단, 2주 만에 신제품을 출시한다. 감으로 할 수 없던 일을 데이터로 가능하게 만듦으로써 시골 마을의 작은 가게로 출발한 자라는 중저가 패션시장에서 업계 2위로 뛰어올랐다.

넷플릭스도 빅 데이터를 활용한 맞춤형 추천 알고리즘으로 DVD 대여시장의 골리앗으로 불리던 블록버스터를 단박에 꺾고 업계 1위에 등극했다. IBM의 CEO 버지니아 로메티의 말처럼 '데이터가 모든 산업 분야에서 승자와 패자를 가르는 결정적인 역할을 하는 시기'가 다가오고 있는 것이다.

빅 데이터 시대가 열리기 전까지의 데이터는 쓰레기였다. 〈장자〉 소요유 편에 나오는 큰 박처럼 아무 쓸모가 없어 버려졌다. 덩치 큰 빅 데이터는 생산수단이 아니라 처리 비용만 잡아먹는 골칫덩어리였다. 그러나 장자가 사고의 전환으로 큰 박을 초대형 호화 유람선으로 만든 것처럼 구글을 비롯한 실리콘밸리의 첨단기업들은 빅 데이터를 활용해 무인자동차를 만들고, 무인비행기를 만들고, 달나라를 탐사하는 우주선을 만들고 있다. 쓰고 난 데이터를 방치하거나 버리지 않고 어떻게 활용할 것인지를 고민하는 기업이 4차 산업혁명 시대의 승자가 될 수 있다.

요즘에는 클라우드 기술의 발전으로 남의 집(컴퓨터) 빈 헛간(남는 저장 공간)을 빌려서 값싸게 데이터를 저장할 수 있는 방법도 얼마든지 있다. 굳이 내다 버릴 필요 없다. 빅 데이터는 기업의 식량이다. 요리 솜씨에 따라 소비자들로부터 별점을 다섯 개 받을 수도 있고, 버림받을 수도 있다.

경계를 허물어 자유롭게 흐르게 하라
교환의 경계를 허무는 창조적 리더십

경계는 욕망을 가두는 틀이다. 욕망은 식욕, 성욕, 정복욕 등 다양한 형태로 나타난다. 코로나19는 먹는 것에 대한 탐욕이 초래한 인류의 대재앙이다. 건강과 수명에 대한 지나친 욕망 때문에 일부의 사람들이 희귀한 동물을 식용으로 섭취했고, 그것이 사람들의 인체 내에 생물학적 변이를 일으켜 코로나19 바이러스가 창궐하게 되었다는 것이 의학계의 대체적인 시각이다.

프로이트에 의하면 식욕보다 더 원초적인 욕망이 성욕이다. 문명의 경계를 돌파한 인류에게는 성욕이 제도와 법률적 틀에 의해 억압된다. 인간은 다른 동물들처럼 아무 데서나 자신의 성적인 욕망을 발산할 수 없다. 욕망을 발산할 수 있는 대상도 제한적이다. 결혼을 한 이후에는 공식적인 파트너를 제외하고는 그 욕망을 자유롭게 분출시킬 수 없다. 문명이라는 이름의 경계에 의해 가두어진 욕망이 잠을 자는 동안 분출되는 것이 꿈이고 눈을 뜨고 있는 상태에서 삐죽이 경계를 뚫고 나오는 것이 정신질환이라는 것이 프로이트의 설명이다.

하지만 니체와 같은 천재들이 그러했듯이 인류의 새로운 역사는 경계를 뚫고 나오는 그런 미치광이들에 의해 새롭게 창조되기도 한다. 인류가 경계에 갇힌 채 제 자리만을 지켰더라면 역사의 진보란 없었을 것이다. 때로는 과격하고 상식에 어긋나는 것처럼 보이지만 욕망을 확 분출시키는 그러한 시도들이 인류의 역사를 바꾸어나가기도 한다.

스페이스엑스의 창업자인 일론 머스크가 인류를 화성으로 보내겠다고 말했을 때 사람들은 모두들 그를 미치광이, 거짓말쟁이, 몽상가라면서 조롱하고 비난했다. 하지만 지금 그의 꿈은 점차 현실이 되어 우리 곁으로 다가오고 있다. 지구라는 영토의 경계를 돌파하고 우주를 향해 끊임없이 나아가고 있는 일론 머스크는 단순한 사업가가 아니라 인류의 역사를 새롭게 창조해나가고 있는 혁신가이다. 일론 머스크는 이렇게 말한다.

"화성이주사업은 단순한 관광 사업이 아니다. 로켓의 발사 비용과 거기에 탑승하는 사람들이 지불하게 될 비용이 상당한 수준으로 다운되면 화성으로 이주를 결심하는 사람들이 꽤 있을 것이다. 그렇게 화성으로 떠나게 될 사람들은 신세계 개척 당시 영국에서 미국으로 건너온 사람들과 같은 것이다. 우주선은 메이 플라워 호다. 화성에 정착하는 사람들의 수가 늘어나면 그곳에 가압 투명 온실의 건설도 가능해질 것이며, 화성에서 직업을 가지고 살아갈 수도 있을 것이다."

어느 날 지구에 코로나19를 압도하는 바이러스가 창궐하게 될 때 혹은 다른 형태의 대재앙이 발생할 때 화성은 급격하게 지구의 대안으로 떠오를 것이다. 물론 우주선에 탑승하는 사람들의 자격심사 기준에 철저한 바이러스 검사라는 항목이 추가되겠지만 말이다. 그리고 그때는 모든 사람들이 경계를 초월하는 일론 머스크의 자유분방한 사고와 창의력, 추진력을 주목하게 될 것이다.

칭기즈칸은 동양과 서양이라는 경계로 구분 지워져 있던 세상을 뒤흔든 인물이다. 경계를 파괴한 그의 창조적 리더십 덕분에 세상은 더 넓게 소통하고, 더 많은 것들을 공유할 수 있게 되었다. 티모시 메이는 〈칭기스의 교환〉이라는 책에서 칭기즈칸이 건설한 몽골제국을 세계사를 뒤흔든 일대 사건이라고 표현한다.

칭기즈칸은 지리적 경계에 의해 두 개로 분리되어 있던 인류의 역사를 하나로 통합시켰다. 서구 중심으로 역사를 바라보던 학자들은 대개가 칭기즈칸의 리더십을 부정적으로 평가했다. 이들에게 몽골은 '자신들의 눈에 이상한 것으로 보이는 것을 무조건 파괴한' 그런 통제 불가능한 세력이었다. 학자들뿐만 아니라 서구의 대중문화에서도 몽골제국과 칭기즈칸의 리더십은 적대적이고 부정적인 것으로 묘사되었다.

사람들에게 인기 있는 마블Marvel의 노르웨이 슈퍼히어로를 다룬 만화책 〈토로Thor〉에서는 토르의 분신인 절름발이 도널드 블레이크Donald Blake 박사가 일련의 좌절을 맛본 후 이렇게 중얼거린다.

"이날을 더욱 나쁘게 만들 수 있는 유일한 것은 칭기즈칸과 몽골의 무리가 나를 치고 지나가는 걸 거야."

— 티모시 메이, 〈칭기스의 교환〉.

하지만 이러한 평가는 정당하지 않다. 객관적이지도 않다. 칭기즈칸의 리더십은 창조적 리더십의 전형이었고, 현대 민주주의의 이념과도 부합하는 것이었다. 칭기즈칸은 정주민 방식으로 이루어지고 있던 삶의 양식을 유목민적인 것으로 바꾸었으며, 그를 바탕으로 세계를 제패했다. 오늘날 보편화된 디지털 문명기의 노마디즘은 칭기즈칸의 리더십과 몽골제국의 삶의 패러다임에 그 맥이 닿아 있다.

칭기즈칸은 자신의 후계자를 칸(왕)의 후손들 가운데서 투표에 의해서 뽑도록 했다. 투표에 참여할 수 있는 구성원의 수가 제한적이었기 때문에 보편적 민주주의 원칙과는 거리가 있었지만 일반적인 왕조시대의 지명 식 후계 선출과는 확연히 구별된다. 이러한 서구 중심적 인식이 최근에는 바뀌고 있다. 칭기즈칸은 한때 그의 태생지인 몽골에서조차도 제대로 된 평가를 받지 못했지만 지금은 분위기가 확 달라졌다.

칭기즈칸은 몽골의 역사적 상징이자 민족의 자부심, 국가의 공식 브랜드로 활용되고 있다. 몽골뿐만 아니라 카자흐스탄에서도 칭기즈칸은 국가의 시조로 받들어진다. 수백 명의 카자흐스탄인들은 칭기즈칸 혈통의 족보에 이름을 넣기 위해 유전자 검사를 하거나 로비를 벌였다고 한다.

서구에서도 이러한 분위기의 반전이 읽혀진다. 미국인 학자 잭 웨더포드가 쓴 〈칭기즈칸과 현대 세계의 형성〉이라는 책이 뉴욕 타임스 베스트셀러 목록에 몇 주에 걸쳐 이름을 올렸다는 사실이 이런 분위기를 잘 보여준다는 것이 티모시 메이의 진단이다. 미국 대학에서 역사학과 인문학을 가르치는 티모시 메이는 근대 세계사를 가르칠 때 몽골 제국을 그 출발점으로 삼는다고 말한다. 몽골 제국만큼 폭넓게 세계사를 변화시킨 사건이 없기 때문이라는 것이 그 이유다.

칭기즈칸은 동서양의 교역을 획기적으로 소통시켰다. 칭기즈칸 덕분에 상품 교역의 공간적 경계가 옅어졌고, 그것이 상업혁명을 촉진시키는 계기로 작용했다. 칭기즈칸은 교역에서 신뢰를 중요하게 생각했다. 물건에 대한 합당한 가격을 지불했고, 외부의 상인들이 가지고 온 상품이 가치가 있다고 판단되면 투자를 아끼지 않았다. 그리고 상품이 유통되는 경로의 안전을 보장하기 위해 군사적 조치를 강화했다.

몽골제국의 수도로 건설된 카라코룸은 당시 국제무역도시로서 기능했다. 그곳에서는 인종이나 종교, 언어의 장벽이 문제가 되지 않았다. 중국 상인과 이슬람 상인, 유대인 상인들이 자유롭게 거래를 했으며, 불교와 도교를 포함한 다양한 종교의 선교활동도 보장되었다.

칭기즈칸에 이어 몽골제국의 황제 자리에 오른 우구데이는 교역을 촉진시키기 위해 행정제도를 정비하고, 역참제도와 유통시스템을 획기적으로 개선했다. 그리고 그러한 시설을 이용하는 데 있어서 내국인과 외국인을 차별하지 않았다. 그래서 동서남북 각 지역에서 상인들이 구름처럼 카라코룸으로 몰려들었다.

몽골제국이 분열된 이후에도 경계를 초월한 경제적, 종교적 포용 정책은 유지되었다. 마르코 폴로의 〈동방견문록〉에서 볼 수 있듯이 쿠빌라이 칸은 서양의 상인들이 자유롭게 국경을 넘나들면서 무역을 할 수 있도록 금으로 만든 게레게(통관 증명서)를 발급해 주기도 했다. 15세기에 접어들면서 관용적이었던 몽골제국의 지배력이 약화되면서 동서양의 상품 거래 루트는 차츰 막혀버렸다. 그래서 서양인들은 새로운 교역로 개척에 나섰고, 그것이 결국 콜럼버스의 신대륙 발견으로 이어졌다.

프랑스의 현대철학자 질 들뢰즈는 정신과 의사였던 가타리와 함께 쓴 〈천의 고원〉에서 욕망의 경계를 넘어 창조적 삶을 향해 질주하는 현상을 탈 영토화라고 말한다. 영토란 경계가 정해진 하나의 틀, 울타리, 한계를 뜻하고 그것을 초월하려는 생명의 의지, 니체 식으로 표현하자면 힘에의 의지를 탈 영토화라고 표현하고 있는 것이다.

들뢰즈와 가타리는 그러한 삶을 꿈꾸는 사람들을 유목민이라 부르고, 그들의 삶의 양식, 정신적 지향성을 노마디즘이라고 부른다. 칭기즈칸과 몽골제국이 추구했던 삶이 바로 이들이 말하는 노마디즘의 전형이었다.

정착민과 유목민은 삶의 공간을 구성하는 방식부터 다르다. 유목민들의 삶에는 정해진 틀이 없다. 그들은 공간을 소유하지 않는다. 대신 자유롭게 흐르도록 놔둔다. 자신들이 떠난 자리에는 다른 유목민이 와서 기존에 자신들이 쓰던 삶의 터를 자유롭게 향유할 수 있다.

장자는 우화를 통해 경계가 없고 자유로운 유목민적 삶을 대인 大人의 가르침에 비유하면서 그 특징을 다음과 같이 말한다.

대인의 가르침은 형체가 그림자에 대한 것과 같고 소리가 메아리에 대한 것과 같다. 물음이 있으면 대답해 주고 그들이 생각하고 있는 것을 모두 풀어주어 천하 사람들의 짝이 된다. 가만히 있을 때는 아무 소리도 없고, 움직일 때는 일정한 방향이 없으니 어지럽게 오가는 사람들을 이끌어 끝없는 경지에 노닐고 가없는 경지를 드나들며 해와 더불어 시작도 끝도 없다. 모습과 말하는 것, 형체와 몸이 대자연과 합해져 하나가 되고 하나가 되니 자기가 없다.

大人之教 若形之於影 聲之於響 有問而應之 盡其所懷 為
天下配 處乎無響 行乎無方 挈汝適復之撓撓 以遊無端 出入
無旁 與日無始 頌論形軀 合乎大同 大同而無己 無己 惡乎
得有有 睹有者 昔之君子 睹無者 天地之友

—〈장자〉 재유 편

경계를 배제하는 구분선으로 인식하면 천하 사람들과 짝이 될 수 없다. 내 것을 먼저 내려놓고 상대를 포용할 때 천하 사람들과 짝이 될 수 있다.

칭기즈칸은 지리적 경계를 허물고 자유로운 소통과 교역을 보장함으로써 동양과 서양을 떠나 천하 사람들과 짝이 되었다. 일론 머스크의 생각은 지하와 지상, 하늘을 가리지 않고 자유롭게 넘나든다. 일론 머스크가 경계가 없는 사막을 특히 좋아하는 것은 그 때문이다. 일론 머스크는 지구의 경계를 넘어서서 우주에서의 경계마저도 넘어서려 하고 있다. 화성에 인류를 보내기 전에 우주 공간에 통신 인프라, 즉 우주 인터넷부터 깔아야 한다고 주장하는 것도 그러한 자신의 철학을 실현하기 위해서다.

경계가 없는 우주에서도 경계를 넘어서려는 창조적인 혁신가들이 있기 때문에 코로나와 같은 재앙이 닥쳐도 우리는 희망을 가질 수 있다.

장자, 팹랩(fablab)을 실현하다
사유의 전환으로 큰 박을 호화유람선으로 만들다.

　　팹랩fablab은 제조를 뜻하는 fabrication과 실험실, 연구실을 뜻하는 laboratory의 합성어로 매사추세츠 공과대학MIT 내에 설치된 비트-아톰 센터Center for Bits and Atoms의 프로젝트 이름에서 유래된 용어다.

　　센터의 소장을 맡고 있는 닐 거쉰펠드 교수는 '거의 모든 것을 만드는 방법'이라는 수업을 진행하면서 개인 컴퓨팅과 개인 제조 사이의 유사성을 깨닫고 이 프로젝트를 시작했다. 프로젝트가 지향하는 목표는 수업 내용과 마찬가지로 기존 소프트웨어에 연결된 모든 장비를 참여자들이 직접 제조하는 것이다. 머릿속으로 상상하는 모든 것을 자신의 손으로 직접 만들 수 있다는 건 생각만 해도 설레는 일이다. 그래서 팹랩의 앞 글자 팹에는 제조라는 뜻외에 굉장하다fabulous는 뜻도 담겨 있다.

팹랩의 원리는 크게 복잡하지 않다. 자신이 만들고 싶은 물건의 아이디어를 디지털화해서 컴퓨터에 입력한 후 컴퓨터로 제어되는 레이저와 밀링머신, 3D프린터의 도움을 받아 물건을 뽑아내는 것이 기본 원리다. 팹랩에 상주하는 전문가의 도움을 받아 최신 장비들에 대한 사용방법만 익히면 누구나 직접 해볼 수 있다. 물건을 만드는데 필요한 재료도 팹랩에 다 비치되어 있다.

팹랩의 가장 큰 매력은 재료의 쓰임새와 제품의 모양, 용도 등을 참여자가 스스로 결정하고, 스스로 만든다는 데 있다. 최첨단 DIYdo-it-yourself 제품 혹은 디지털화 한 이케아 가구쯤으로 생각하면 팹랩의 개념이 쉽게 이해될 수 있다.

실제로 MIT가 보스턴 시내의 사우스엔드 기술센터에 처음으로 문을 연 팹랩에는 인근 지역의 소녀들이 구름같이 몰려들었다고 한다. 이들은 팹랩을 찾아와 연구실에 비치된 첨단 장비의 도움을 받아 자신이 구상한 공예품을 직접 만들어 길거리에 내다 팔기도 했다. 자신의 취향에 맞는 제품을 스스로 만들었다는 사실에 자존감도 높아지고, 최첨단 기술 습득과 함께 경제적인 수익까지 얻게 되자 팹랩은 이들의 입소문을 타고 세계 각국으로 확산되었다. 디트로이트를 비롯한 미국 주요 도시에 팹랩이 설치되었으며, 아프리카 가나, 노르웨이, 인도 등 다양한 국가들에 수백 개의 팹랩이 개설되었다. 우리나라에도 서울, 수원, 부산 등 주요 도시에 팹랩이 문을 열었으며 그 수는 계속 확산되고 있다. 청계천 세운상가는 팹랩을 통해 3차 산업혁명 시대의 화려했던 명성을 재현할 수 있는 새로운 플랫폼으로 거듭나고 있다.

　고전을 통해 만날 수 있는 인물 가운데 팹랩의 선구자로 꼽을 수 있는 사람이 장자다. 〈장자〉 소요유 편에 나오는 혜시와 장자의 다음 대화를 통해 4차 산업혁명 시대를 이끌고 있는 신기술 팹랩에 대한 영감靈感 하나를 건져 올려 보자.

　혜시는 장자의 둘도 없는 친구였지만 사상적으로는 앙숙이었다. 어느 날 혜시가 장자에게 말했다.

　"일전에 위나라 왕으로부터 큰 박씨를 하나 얻었는데 그걸 심었더니 엄청난 크기의 박이 열렸다네. 그런데 너무 커서 바가지로 만들어 쓸 수가 없어서 망치로 부숴버렸다네."

일견 화려해 보이지만 현실적으로 쓸모가 없는 장자의 사상을 우회적으로 비판한 것이다. 혜시가 장자에게 이 이야기를 하자 장자는 손을 트지 않게 하는 약의 비유를 들어 혜시의 생각이 옹졸하다며 반박한다.

　"자네는 큰 걸 쓰는데 서툴군그래. 내 예를 하나 들어주지. 송나라 사람 중에 대대로 솜을 표백하는 일에 종사하는 사람이 있었다네. 이 사람은 직업상 손이 자주 터서 괴로워하다가 스스로 약을 하나 개발했다네. 이 약은 손을 트지 않게 하는데 아주 잘 들어 명약으로 소문이 났어. 그래서 어느 날 나그네 한 사람이 와서 백금의 돈을 주고 이 약을 만드는 비방을 사 갔다네. 이 나그네가 오나라 왕에게 가서 비방을 말했더니 오나라 왕은 나그네를 장수로 삼아 월나라와 전쟁을 치르게 했다네. 추운 겨울 수전水戰에서 오나라는 월나라를 대파했고, 마침내 나그네는 왕으로부터 큰 봉지를 얻었다네. 같은 비방을 가지고 어떤 사람은 평생 솜 터는 일을 했지만 어떤 사람은 장수가 되고 큰 봉지도 얻었듯이 같은 것이라도 쓰기 나름 아니겠나? 큰 박으로 큰 배를 만들어 바다에 띄우면 근사할 텐데 뭐 하러 박이 크다고 걱정하는가?"

장자는 박의 크기를 탓하면서 부숴버릴 것이 아니라 크기에 맞춰 적절하게 박의 쓰임새를 정하면 된다면서 혜시의 이야기를 반박하고 있다. 작은 박이면 바가지를 만들어 쓰면 되고 큰 박이면 요트를 만들어 바다에 띄울 수도 있고 경우에 따라서는 타이태닉호와 같은 초호화 유람선이나 크루즈를 만들 수도 있지 않느냐는 것이다.

논리적으로 보면 장자의 말이 백 번 옳다. 혜시는 장자로부터 한 방 얻어맞았지만 이에 기죽지 않고 큰 나무의 비유를 들어 재차 장자를 공격한다.

"나한테 큰 가죽나무가 하나 있다네. 근데 줄기는 울퉁불퉁하
고 가지는 구불구불해서 도무지 쓸모가 없지. 그래서 목수들이
거들떠보지도 않는다네. 자네 말은 제법 거창하지만 황당하기
짝이 없는 것들이라 사람들한테 인정을 받지 못하는 게 당연하
지 않은가?"

그러나 이번에도 장자는 너구리와 족제비, 이우犛牛라는 큰 소의
비유를 들면서 혜시의 논리를 반박한다.

"어허, 자네 참으로 딱하네. 자네는 너구리와 족제비도 보지
못했는가? 그놈들은 먹이를 낚아채려고 이리저리 뛰다가 결국
은 덫에 걸려 죽고 말지. 그리고 이우라는 검은 소는 하늘의 구
름같이 덩치가 크지만 정작 쥐새끼는 잘 잡지 못한다네. 나무가
커서 걱정이라는데 발상의 전환을 하면 되지 않는가? 아무도
없는 넓은 들판에 그 나무를 심어놓고 그 곁에 누워서 휘파람이
나 불면서 느긋하게 쉬면 그곳이 곧 낙원이 아니겠는가? 누가
와서 도끼질을 할 염려도 없고 해코지할 사람도 없을 테니 이보
다 더 안전하고 행복한 곳이 어디 있겠나?"

— 〈장자〉 소요유 편

.

61

〈장자〉서른세 편의 들머리를 장식하는 소요유 편은 위의 우화에 나오는 '소요호逍遙乎 침와기하寢臥其下'라는 구절에서 그 이름을 딴 것이다.

이 우화의 핵심 메시지는 외형의 크고 작음에 있지 않다. 장자에게 대소의 구분은 아무런 의미가 없다. 날갯짓 한 번에 구만리를 나르는 대붕이나 폴짝 뛰어서 나뭇가지에 간신히 안착하는 쓰르라미나 본질적인 차이가 없다는 게 장자의 생각이다.

여기서 혜시와 장자의 차이는 재료나 사물의 쓰임새를 바라보는 관점의 차이다. 혜시는 사물의 쓰임새를 기성적인 관점에서만 바라보았다. 그 결과 큰 박과 큰 나무를 아무짝에도 쓸모없다며 부숴버리거나 외면했다. 하지만 장자는 그러한 틀에서 벗어나 큰 박과 큰 나무의 쓰임새를 주체적으로 결정함으로써 새로운 상품으로 탄생시켰다.

3차 산업혁명 시대의 시장은 생산과 소비가 명확하게 분리되어 있었지만 4차 산업혁명의 새로운 흐름은 이들의 경계를 옅게 만들거나 허물어뜨리고 있다. 4차 산업혁명 시대의 소비자는 기업이 만들어서 시장에 공급하는 제품을 단순하게 구매하는 수동적 행위자가 아니라 자신에게 필요한 제품을 스스로 결정하고 스스로 만드는 능동적 행위자이다. 팹랩은 이러한 소비 트렌드의 변화를 선도하는 기술 혁명이다.

닐 거쉰펠드 교수는 컴퓨터가 점점 진화하고 소형화해서 마침

내 우리 손바닥 안으로 들어왔듯이 디지털 제조기인 팹랩도 개인용 컴퓨터에 필적할만한 수준으로 소형화, 지능화할 것으로 예측하고 있다. 그렇게 되면 사실상 거의 모든 것을 개인이 스스로 만드는 시대가 도래할 수도 있다.

우화에 나오는 큰 박이나 큰 나무는 기업에서 만들어 내놓는 공급자 주도의 상품이다. 이 상품은 개별 소비자의 취향을 정밀하게 반영하고 있지 않다. 따라서 이러한 제품은 더 이상 소비자들에게 환영받지 못한다. 샤넬이나 구찌와 같은 빅 브랜드 상품보다는 자신이 직접 만들어 자신의 이름을 붙여서 파는 미 메이커me-maker 제품이 인기를 끌고 있는 현상도 이러한 흐름을 반영하고 있는 것이다.

우화 속의 혜시는 공급자 중심의 사고방식에서 벗어나지 못함으로써 큰 박과 큰 나무를 용도 폐기했다. 반면 장자는 공급자 중심의 사고를 수요자 중심으로 전환함으로써 큰 박과 큰 나무를 자신에게 필요한 물건으로 만들었다. 자신이 주도적으로 만든 물건의 가치를 극대화한 장자는 그를 통해 지극히 자유롭고, 안전하고, 여유로운 삶을 누렸다. 4차 산업혁명 시대 소비자들이 추구하는 이상적인 삶의 모습을 장자는 2천5백 년 전에 이미 실현하고 있었던 셈이다.

아 다르고, 어 다르다
언어에는 경계가 있고, 말에는 품격이 있다

　　인간은 바벨탑을 높게 쌓아 신의 영역에 도달하고자 했다. 이러한 인간의 무모한 욕망을 좌절시키기 위해 신이 선택은 수단은 채찍이 아니라 언어의 교란이었다. 소통을 원활하게 할 수 없었던 인간들은 우왕좌왕했고 결국 바벨탑 건설은 신의 뜻대로 무산되었다.

　　말의 힘은 채찍보다 강하다. 말은 존재의 집이기도 하고 세계를 비추는 거울이기도 하다. 말을 넘어서는 세계란 존재하지 않으며 말로 표현할 수 없는 것은 사유의 대상이 될 수 없다. 말이 없으면 사회도 문화도 기업도 존재할 수 없다.

　　라캉의 표현을 빌리면 말이 없으면 무의식도 없다. 따라서 말이 없으면 인간은 꿈조차 꿀 수 없다. 언어를 사회적 소통의 수단으로 보는 구조주의자들의 견해가 전적으로 옳은 것은 아니지만 언어가 없으면 소통에 심각한 장애가 발생할 수밖에 없다.

커뮤니케이션은 커뮤니카레communicare라는 라틴어에서 비롯되었다. 커뮤니카레는 '나누다, 교환하다, 공유하다'는 뜻을 가진 단어이다. 소통은 구성원들의 생각과 아이디어, 정보를 교환하고 비전을 공유하는 것이다. 그 수단이 말이다. 길이 막히면 사람과 물자의 교류가 끊어지듯이 말이 막히면 조직 내에서의 교류가 끊긴다. 교류가 끊긴 조직은 병이 들고 종국에는 시장에서 퇴출된다.

장자는 탁월한 언어철학자였다. 일찌감치 소통의 중요성을 간파한 장자는 우화를 통해서 말의 의미와 무게를 강조한다. 어느 날 공자의 제자 섭공자고가 초왕楚王의 사신으로 제나라에 가게 되었다. 섭공은 출발하기 전 스승을 찾아가 사신으로서 갖추어야 할 덕목에 대해 조언해 달라고 요청했다. 이에 공자는 다음과 같이 말한다.

무릇 나라 사이의 국제관계는 지리적으로 가까운 경우에는 신뢰를 기반으로 해야 하고 먼 경우에는 커뮤니케이션을 충실하게 해야 한다. 제나라는 후자의 경우에 속하니 군주의 말을 전달하는 메신저로서 자네의 임무가 매우 막중하다. 전하는 말 중에서도 특히 어려운 것은 양국의 군주가 동시에 기뻐할 말과 동시에 노여워할 말을 전하는 것이다. 양쪽이 모두 기뻐하는 말에는 반드시 필요 이상의 아첨과 과장이 섞이기 마련이고 양쪽이 모두 노여워하는 말에는 불가피하게 상대의 감정을 자극하는 말이 섞이기 마련이다. 무릇 말이란 지나치면 거짓되기 쉽고, 거짓되면 소통이 막히게 되고, 소통이 막히면 말을 전하는 자가 화를 입게 된다. 그러므로 옛 속담에 이르기를 '그대로의 실상을 전하고 과장하지 않으면 일신을 온전하게 보존할 수 있다'고 한 것이다.

凡交 近則必相靡以信 遠則必忠之以言 言必或傳之 夫傳
兩喜兩怒之言 天下之難者也 夫兩喜必多溢美之言 兩怒必
多溢惡之言 凡溢之類妄 妄則其信之也莫 莫則傳言者殃 故
法言曰 傳其常情 無傳其溢言 則幾乎全

— 〈장자〉 인간세 편

국제관계에서 외교관의 자세를 언급하면서 장자는 특히 말의 의미와 무게에 방점을 찍고 있다. 공자의 입을 빌리고 있지만 사실은 장자 자신의 언어철학을 드러낸 것이다.

비단 국제관계뿐만 아니라 정부나 기업, 학교와 같은 크고 작은 조직 내에서도 메신저의 역할은 중요하다. 직장에서는 모든 구성원들이 메신저이다. 직원들은 CEO의 메신저이고, CEO는 직원들의 메신저이다. 직장인들이 출근하자마자 메신저부터 켜는 것은 조직 내 소통이 그만큼 중요하기 때문이다.

미국 노스이스턴 대학교의 조사 보고서에 따르면 직장인들은 업무시간의 75%를 커뮤니케이션에 소비한다. 소통 과정에서 어느 한 라인이라도 메신저가 정보를 왜곡하면 조직 전체가 위험에 빠질 수 있다. 장자가 갈파하고 있듯이 조직이 건강하려면 각 라인의 메신저들이 정보를 있는 그대로 전달해야 한다. 위의 인용 문구에 이어지는 원문의 내용을 조금 더 살펴보자.

말은 바람에 이는 물결과 같은 것이며, 일은 말을 전하는 자의 태도와 화술에 따라 잘 풀리기도 하고 어긋나기도 한다.
言者風波 行者實喪

— 〈장자〉 인간세 편

말이란 풍파처럼 쉽게 흔들리는 속성을 지녔다. 조직의 의사결정 과정에서 CEO나 담당자의 마음에 풍파를 일으키는 것은 교묘하게 상황을 비트는 말 한마디다. '아 다르고 어 다르다'는 격언처럼 단어 하나, 토씨 하나가 진의를 왜곡시킬 수도 있다. 말 한마디로 천 냥 빚을 갚을 수도 있지만 화를 자초하는 경우도 있다.

풍도馬道가 쓴 〈설시舌詩〉에 나오는 다음 구절은 누구라도 마음의 경구로 새길만하다.

"입은 화를 부르는 문이고, 혀는 신체를 베는 칼이다."

口是禍之門 舌是斬身刀

풍도는 10세기 중엽 중국의 극심한 정치적 격변기에서 다섯 왕조(후당, 후진, 요, 후한, 후주) 동안 열한 명의 황제를 보좌한 재상이었다. 그의 입이 얼마나 무거웠을지 짐작게 하는 이력이다.

조직을 춤추게 하고 조직 내 소통에 날개를 달아주는 말에는 특징이 숨어있다. 〈장자〉에서는 말의 진정성과 언행일치言行一致, 간결하고 담백한 언어 리더십을 가장 중요한 특징으로 꼽는다.

> 개가 잘 짓는다고 해서 훌륭한 개라고 말할 수 없듯이 사람이 말을 잘 한다고 해서 현명하다고 할 수는 없다.
> 狗不以善吠為良 人不以善言為賢
>
> —〈장자〉 서무귀 편

소쉬르가 〈일반언어학 강의〉에서 구분하고 있는 것처럼 말에는 생리적 요소와 물리적 요소, 심리적 요소의 세 가지가 있다. 커뮤니케이션이라는 측면에서 보면 단어와 문장이 입에서 나와 상대의 귀로 전달되는 생리, 물리적 요소보다는 그것이 상대의 마음속에 수용되는 심리적 요소가 더 중요하다. 상대의 마음을 움직이는 것은 화려한 언변이나 긴 문장이 아니라 말의 진정성이다. 말이 조금 어눌해도 진심이 담겨있으면 상대의 심금을 울릴 수가 있다.

제너럴 일렉트릭의 회장을 역임했던 잭 웰치는 어린 시절 말이 어눌했다. 잭이 친구들로부터 놀림을 당하자 그의 어머니는 "괜찮아. 네 말이 느린 것이 아니라 네 생각의 속도가 너무 빠른 것이야. 말을 잘하는 것보다는 말에다가 생각의 깊이와 진심을 담는 게 더 중요하단다"라고 말했다.

말이 어눌했던 잭 웰치를 전설적인 경영인으로 만든 것은 언어의 참된 의미를 일깨워준 어머니의 말 한마디였다.

> 아는 사람은 말하지 않으며 말하는 사람은 알지 못한다. 그 때문에 성인은 말하지 않음으로써 가르침을 베푸는 것이다.
>
> 知者不言 言者不知 故聖人行 不言之教
>
> —〈장자〉 지북유 편

2001년 미국 뉴욕의 9.11 테러 현장. 줄리아니 뉴욕 시장이 시민들 앞에 섰다. 그리고 무겁게 "뉴욕은 내일도 이 자리에 있을 것입니다. 테러가 우리를 멈추게 할 수 없다는 것을 증명할 것입니다"라고 입을 열었다.

시민들은 그의 입이 아니라 그의 얼굴을 주시했다. 사고 현장에 직접 뛰어들어 파괴된 건물 잔해 속을 헤집고 다니느라 줄리아니 시장의 얼굴은 시커먼 콘크리트 먼지로 범벅이 되어 있었다. 줄리아니의 말은 천금의 무게로 시민들의 가슴에 와닿았다. 말과 행동이 일치하는 그의 리더십 때문이었다.

언행言行이 일치하는 리더는 굳이 말하지 않아도 조직을 효과적으로 통솔할 수 있다. 아리스토텔레스는 '무슨 말을 어떻게 하느냐'가 아니라 '누가 말하느냐'가 수사학에서 가장 중요한 요소라고 지적했다. 언행이 일치하지 않는 리더의 말은 조직을 움직이게 할 수 없다. 콩으로 메주를 쑨다 해도 대중들은 그를 믿지 않는다.

큰 말은 담백하지만 작은 말은 수다스럽다.
大言淡淡 小言詹詹

— 〈장자〉 제물론 편

말은 사람의 품격을 결정한다. 품品자가 입 구口자 세 개로 구성되어 있는 것은 그 때문이다. 말에 품격이 있으면 긴 말이 아니라 짧은 경구 하나로도 무거운 공기를 반전시킬 수가 있다. 회의석상에서 장황하게 말을 늘어놓는 리더보다는 촌철살인寸鐵殺人의 짧은 말로 자신의 의중을 전달하는 리더가 더 뛰어난 CCOChief Communication Officer의 자질을 갖춘 사람이다.

4차 산업혁명 시대에는 조직의 의사결정 과정에서 빅 데이터가 중요한 역할을 한다. 그러나 데이터가 생산하는 인공언어를 해석하고 조직 내에서의 수용 여부를 결정하는 것은 결국 인간이다. 기계가 쏟아내는 방대한 분량의 데이터를 일목요연하게 압축해서 간결한 메시지로 표현할 수 있어야 조직을 효율적으로 장악할 수 있다. 공자는 자신의 저서를 주나라의 도서관(요즘으로 하면 국립 중앙도서관이다)에 보관하기 위해 그곳에서 사서로 근무하던 노자를 찾아갔다. 노자는 거절했다. 마음이 다급해진 공자는 자신의 저서 12권을 책상 위에 펼쳐놓고 주저리주저리 설명해 나갔다. 그러자 노자는 이렇게 말했다.

너무 번잡하니 요점만 말하시오.
大謾 願聞其要

─ 〈장자〉 천도 편

내공이 얕으면 말이 번잡해진다. 번잡한 말로는 빅 데이터를 감당할 수 없다. 4차 산업혁명 시대에서 인공지능AI을 경영의 조력자로 활용하기 위해서는 빅 데이터를 꿰뚫어볼 수 있는 통찰력과 함께 간결하고 담백한 언어 리더십을 갖추어야 한다. 그러기 위해 필요한 것은 말을 보태는 능력이 아니라 말을 빼는 능력이다.

지극한 말은 말을 버리는 것이고, 지극한 행위는 행위를 버리는 것이다.
至言去言 至爲去爲

─ 〈장자〉 지북유 편

나는 정상, 당신은 비정상(?)

레오나르도 다빈치, 천상과 지상의 경계를 허물다.

세상에는 다양한 경계가 존재한다. 정상과 비정상의 경계도 그 중 하나다.

미셸 푸코는 독특한 방식으로 정상과 비정상 사이의 경계를 허물고자 했다. 이를 위해 푸코는 '광인이란 무엇인가?' '정신병이란 무엇인가?' '그것은 정상인과 어떻게 다르며 양자를 가르는 결정적인 경계선은 어디에 존재하는가?'라는 질문을 던진다. 푸코는 이러한 질문을 던진 후 치밀한 역사적 고증을 통해 정상인과 광인 사이의 경계라는 것이 객관적 진리에 기초한 분류 방식이 아니라는 점을 밝혀낸다.

'정상인 vs 광인'이라고 하는 담론이 사실은 자신을 정상인이라고 믿는 사람들이 만들어낸 환상이나 신화에 불과하다는 것이 〈광기의 역사〉에서 푸코가 던지는 주된 메시지이다. 르네상스 시대까지만 해도 거리의 부랑아들로 불린 광인들에게는 나름의 질서와 규율이 존재했다는 것이 푸코의 주장이다.

거지와 광대, 집시, 도둑 등 이른바 광인 집단들은 도심에서 일정한 공간을 차지하고 정상인들과 함께 생활했으며 때로는 정상인들을 상대로 구걸을 하거나 사기를 치고, 때로는 은밀하게 거래를 하기도 했다. 즉, 르네상스 시대까지는 광인 집단이 정상인과 구별되어 감금되거나 병자 취급을 받지 않았던 것이다.

그러던 것이 근대에 접어들면서 이들 광인들은 사회적 타자, 주변인, 이방인으로 분류되어 나환자들이 수용되어 있던 시설이나 병원에 감금되고, 격리되고, 배제된다. 결국 이러한 역사적 과정을 거쳐 인간의 내면에 들어있던 어떤 특별한 성향이나 사고방식으로 간주되던 광기는 정상인들과 분리되고 치료되어야 하는 병적 증상으로 취급된다.

푸코의 이런 메시지는 〈뻐꾸기 둥지 위로 날아간 새〉라는 영화에서도 그대로 읽힌다. 영화 속에서 정신병원에 수용된 환자 가운데는 '자신이 왜 병원에 가둬졌는지', '자신이 왜 정신병자 취급을 당하는지'를 모르는 사람이 태반이다. 특히 주인공 맥 머피(잭 니콜슨 분)는 정상인보다 더 정상인이다. 그의 생각과 행동은 사리분별이 뚜렷하다. 그의 생동감 넘치는 행동들은 인간에 대한 불신 속에서 세상과 담을 쌓은 채 귀머거리 행세를 하는 인디언의 마음도 움직인다. 정신병원 의사들과 간호사들은 이런 정상인을 공동체 질서의 보호와 치료라는 명목으로 감금하고, 격리시킨다. 그리고 자신들의 방식으로 관찰하고, 보호하고, 치료한다. 하지만 이러한 의료 행위들은 오히려 정상인들을 비정상적으로, 말짱한 정신을 가진 사람을 광인으로 만든다.

장자는 다음과 같은 우화를 통해 이러한 푸코식 담론을 풀어낸다.

노나라에 올자兀者인 왕태라는 이가 있었는데, 그를 쫓아 배우는 사람이 공자와 비슷하였다. 상계가 공자에게 물었다.

"왕태는 올자인데도 그를 쫓아 배우는 이가 선생님과 노나라를 양분하고 있습니다. 서서는 가르치는 것도 아니고 앉아서는 토론하는 것도 아닌데 비어서 갔다가 채워서 돌아옵니다. 본래 말로 하지 않는 가르침이 있으니 드러냄이 없이 마음이 이루어진 자입니까?"

공자가 대답하였다.

"그분은 성인인데 나는 다만 뒤처져서 아직 찾아가지 못했을 뿐이다. 내가 장차 그를 스승으로 삼으려 하는데 하물며 나보다 못한 자이겠는가. 어찌 노나라에만 그치겠는가. 나는 장차 천하 사람들을 이끌고 함께 그를 따를 것이다."

— 〈장자〉 덕충부 편

74

올자는 발꿈치를 베는 형벌, 즉 월형刖刑을 당한 사람을 일컫는다. 육체에 심각한 결함이 있으므로 정상인의 입장에서 볼 때 비정상인이다. 특히 만인이 우러러보는 유교의 대종사인 공자의 입장에서 볼 때 완벽한 주변인이고 타자이다. 그래서 당연히 혐오와 배척의 대상이다. 하지만 장자는 그를 오히려 공자보다 우월한 존재로 묘사한다. 그를 따르는 사람은 공자를 따르는 사람과 비슷했고, 공자조차도 그를 스승으로 섬기려 한다. 우화를 통해 장자가 말하고자 하는 메시지는 존재론적으로 볼 때 정상과 비정상의 경계란 없다는 점이다.

장자가 볼 때 모든 존재는 평등하고 그들 사이에는 어떠한 경계도 없다. 정상인의 편협한 시각에서 보면 정상인과 비정상인의 차이가 엄청나게 크지만 본질적으로 그러한 차이는 매우 사소한 것에 불과하다는 것이 장자의 설명이다. 발꿈치가 베어져 없다고 해서 생명을 유지하는 신체의 본질적 기능을 잃어버린 것이 아니기 때문에 정상인과 비정상인의 본질적 차이는 없는 것이다. 장자는 이렇게 우화를 통해 '정상 vs 비정상'이라는 담론을 해체시켜 버린다. 푸코가 〈광기의 역사〉에서 그러한 담론이 신화나 환상에 불과한 것이라고 폭로한 것처럼 장자 또한 그러한 경계가 허상에 지나지 않는다고 말한다.

장자는 숙산무지라는 또 다른 인물을 등장시켜 이러한 경계를 완벽하게 허물고 넘어선다.

노나라에 올자인 숙산무지가 있었는데 공자를 찾아뵈었다. 공자가 말하였다.

"그대는 조심하지 않았구려. 그래서 그런 화를 당했구려. 이제 찾아왔으나 때가 이미 늦었으니 어찌할 도리가 없네."

이에 숙산무지는 이렇게 말했다.

"저는 다만 세상사를 알지 못하고 제 몸을 가볍게 놀려 발을 잃었으나 지금 제가 찾아온 것은 발보다 더 소중한 것이 있어, 그것을 힘써 보존하려 함입니다. 무릇 하늘은 덮어주지 않는 것이 없고 땅은 실어주지 않는 것이 없어 저는 선생님을 하늘과 땅으로 알았는데 선생님께서 이럴 줄 몰랐습니다."

— 〈장자〉 덕충부 편

공자는 발이 하나 없다는 올자의 신체적 특성에만 맞춰 세상을 구분했다. 즉 정상과 비정상이라는 담론에 매몰된 채 사물의 비본질적인면만 보았으며 경계 저 너머에 있는 참 진리에 대해서는 눈을 감았다. 반면 장자는 그러한 경계를 통렬하게 타파했다. 천지간에 정상과 비정상의 경계는 없으며 그것이 도道라는 것이 장자의 철학이다.

장자가 볼 때 세상을 인의仁義라는 잣대로 구분 짓고 경계 지어 사람을 차별하는 유교적 질서야말로 오히려 비정상적인 것이다. 그래서 장자는 변무편의 다음 우화에서 이렇게 말한다.

엄지발가락과 둘째 발가락이 붙은 육손이는 타고난 데에서 비롯된 것이지만 일반적으로 가지고 있는 것보다 많다. 붙어 있는 혹이나 매달린 사마귀는 몸에서 나온 것이지만 타고난 것보다 많다. 인의를 잡다하게 일삼아서 쓰는 것은 사람의 내면에 존재하더라도 바른 도덕이 아니다. 이런 까닭으로 발에서 발가락이 붙은 것은 쓸모없는 살이 덧붙은 것이고 손에서 곁가지를 친 것은 쓸모없는 손가락이 붙은 것이다. 내면의 감정에 잡다하게 군더더기를 붙이는 것은 인의의 행위를 지나치고 치우치게 하고 총명을 쓰는 데에 잡다하게 일삼는 것이다.

騈拇枝指 出乎性哉 而侈於德 附贅縣疣 出乎形哉 而侈於性 多方乎仁義而用之者 列於五藏哉 而非道德之正也 是故騈於足者 連無用之肉也 枝於手者 樹無用之指也 多方騈枝於五藏之情者 淫僻於仁義之行 而多方於聰明之用也

—⟨장자⟩ 편무 편

물 흐르듯이 자연스럽게 마음을 기울이고 감정을 표출하면 되는데 굳이 인위적 도덕규범을 덧붙이는 유교야말로 비정상적이라는 것이 장자의 설명이다. 노자도 ⟨도덕경⟩에서 이런 인위적 규범을 여식췌행餘食贅行, 즉 먹다 남은 음식 찌꺼기와 군더더기 행동이라며 비판하고 있다. 그리고 도道에 충실하기 위해서는 그러한 비본질적인 부분을 걷어 내고 본질에 집중하라고 주문한다.

"저것을 버리고 이것을 취한다."

去彼取此

— 노자, 〈도덕경〉

버려야 할 저것은 삶의 비본질적인 부분을 말하고 취해야 할 이것은 삶의 본질적인 부분을 말한다.

레오나르도 다빈치도 정상 vs 비정상이라는 도식으로 볼 때 비정상인이었다. 그는 사생아로 태어났고, 정규 교육을 거의 받지 않았으며, 왼손잡이였고, 동성애자였으며, 평생을 독신으로 살다 갔다. 하지만 레오나르도 다빈치는 탁월한 재능과 감각, 노력으로 이러한 도식을 완전히 전복시켰다.

레오나르도 다빈치는 그의 작품을 통해 세상 사람들이 정상과 비정상 사이에 존재한다고 생각하던 경계를 모두 허물었으며 새로운 융합적 가치를 창조해냈다. 미술 기법에서 사람들은 뚜렷한 선, 경계를 정상이라고 여겼지만 레오나르도 다빈치는 그러한 경계를 흐릿하게 처리하는 스푸마토 기법을 도입, 미술에서의 새로운 도道를 개척했다.

스푸마토는 이탈리아어로 연기煙氣를 뜻하는데 레오나르도 다빈치는 "자연의 그 어떤 것에도 경계가 없다. 예술 작품에서의 그림자와 빛은 공기 중에 흩어지는 연기처럼 선이나 경계가 없이 섞여야 한다"라고 말했다.

레오나르도 다빈치의 대표작인 〈모나리자〉와 〈최후의 만찬〉은 그러한 경계 없애기의 진수를 보여주는 작품들이다. 특히 〈모나리자〉에서 레오나르도 다빈치는 그러한 기법을 통해 마음과 물질의 경계, 천상과 지상의 경계를 지워버렸다. 그리고 이른 바 모나리자의 미소라 불리는, 신의 영역과 인간의 영역을 연결 짓는 새로운 미美를 창조해냈다.

레오나르도 다빈치에게 선과 경계는 사물의 본질을 침해하는 군더더기에 불과했으며 위대한 화가는 그것을 최대한 걷어내기 위해 노력해야 한다는 것이 그의 철학이었다.

스티브 잡스는 본질에 충실하기 위해 간결함을 추구하는 레오나르도 다빈치의 이러한 미학에 반해 그를 롤 모델로 삼았다. 스티브 잡스에게 레오나르도 다빈치는 인류 최고의 천재이자 영웅이었다. 레오나르도 다빈치가 구상한 독특한 기기들은 르네상스 시대에는 거의 대부분이 미완으로 남았었다. 하지만 500년이라는 세월의 간극을 뛰어넘어 스티브 잡스에게 전해진 그의 예술혼은 인류의 삶을 풍요롭게 하는 위대한 제품으로 완성되었다.

스티브 잡스는 애플의 모든 제품에 레오나르도 다빈치의 철학을 담아 군더더기 없는 간결함을 입혔다. 애플이 선보인 아이팟이나 아이폰, 아이패드 같은 혁신 기기들이 깔끔하게 보이는 것은 위대한 장인은 제품을 만들 때 비본질적인 부분은 모두 다 걷어내고 본질적인 미美의 형태만 남겨야 한다는 스티브 잡스의 철학 때문이다. 그리고 잡스의 그 철학에 결정적인 영향을 미친 것이 바로 레오나르도 다빈치의 '무경계無境界' 사상이다.

경계를 허물어 공존을 모색하라

로마, 경계를 허물어 제국을 이루다.

인간세계에는 다양한 경계가 존재한다. 사람은 가장 원초적으로 생물학적 경계에 의해 남자와 여자로 구분된다. 태어난 곳과 자란 곳, 가정환경에 따라 소속된 국가, 민족, 인종, 종교, 계급의 경계가 생긴다. 경제활동을 하는 과정에서는 조직 내에서 신분, 직종, 직급의 경계와도 마주한다. 존재의 모든 영역이 경계다.

그런데 동서양의 역사에서 우리가 얻는 공통된 교훈은 경계를 허물 때마다 인류가 미래를 향한 진보의 큰 걸음을 내디뎠다는 사실이다.

격언처럼 로마는 하루아침에 이루어지지 않았다. 로마는 장구한 세월에 걸쳐서 서서히 역사의 주인으로 등장했으며, 그 원동력은 경계를 과감하게 허물 줄 아는 로마인들의 통 큰 결단과 추진력이었다. 이질적인 것들을 품 안에 끌어안는 로마의 포용 정책은 로마가 성장하는 데 중요한 밑거름이 되었다. 이민족에게 먼저 로마 시민과 동등한 권리를 부여함으로써 로마의 인구가 증가했으며, 이것은 국력의 신장과 직결되었다. 세금이 늘어났으며, 특히 군사력 증강에 크게 기여함으로써 로마가 지중해를 제패하는 밑거름이 되었다.

로마는 단순한 개방정책의 차원을 넘어 정치권력의 분점도 과감하게 시도했다. 최고 권력인 왕위를 라틴계가 세습적으로 독점하지 않고 선출을 했다. 그 결과 초기의 왕권은 각 민족에게 골고루 돌아갔다.

아테네를 비롯한 그리스의 도시국가들은 이런 점에서 로마와 대비된다. 이들은 이민족에게 철저하게 배타적이었으며, 시민권은 자국민에게만 한정시켰다. 그리스의 노예는 평생 노예였지만 로마의 노예는 신분의 변화가 가능했다. 특히 로마 최초의 성문법인 12표법 제정 이후 로마는 귀족과 평민의 결혼을 허용함으로써 사회 각 계급들의 신분상 차이를 크게 완화시켰다.

카이사르도 경계를 허물어 새로운 역사를 창조했다. 카이사르는 광활한 지역을 정복했다. 영국을 포함한 대부분의 유럽 지역과 아프리카 북부지역, 그리고 중동 지역 일부도 정복했다. 지금의 이란에 해당하는 파르티아 원정을 앞두고 암살당함으로써 뜻을 이루지 못했지만 카이사르가 정복한 중동지역 가운데는 유대도 포함되어 있었다.

　그런데 이 유대의 종교는 유별났다. 다신교 국가였던 로마와는 달리 유대의 종교는 일신교였다. 그래서 유대인들은 십계명에 어긋난다는 이유로 속주에 부과되었던 병역의 의무를 거부했다. 이집트와 그리스, 프랑스 출신들은 원로원 의원으로도 진출할 만큼 로마에 동화되었지만 유대는 병역뿐만 아니라 공무 담임마저 거부했다. 종교적 특수성을 내세워 스스로 고립주의를 택했던 것이다.

　유일신 사상을 가진 유대인들에게 특이한 것은 이뿐만이 아니었다. 유대인들은 돈 냄새나는 곳은 귀신같이 알고 찾아다녔다. 이러한 유대인들마저도 카이사르는 공존의 대상으로 끌어안았다. 카이사르는 유대인들의 종교적 특수성을 인정해 병역과 공무 담임을 면제해 주었으며, 상업 활동의 자유를 마음껏 보장해 주었다. 카이사르가 암살되었을 때 가장 슬퍼했던 민족은 바로 유대인들이었다.

　로마의 초대 황제로 등극한 아우구스투스도 카이사르의 유대인 정책을 계승했다. 아우구스투스는 통치 기간 내내 유대인들의 문화와 종교를 존중해 주었다. 여기에는 현지 사정에 밝은 아그리파의 조언이 크게 영향을 미쳤다. 유대 왕족의 이름 가운데는 아그리파가 특히 많이 들어간다. 그것은 자신들의 차이를 이해하고 공존할 수 있도록 배려해 준 아우구스투스의 오른팔에 대한 감사와 경의의 표시였다. 밀을 무상으로 배급하는 날짜가 유대인들의 안

식일인 토요일과 겹치면 유대인들의 몫을 별도로 남겨서 그 다음 날 나눠줄 정도로 로마는 유대인을 배려했다.

클라우디우스 황제 통치 기간에는 또다시 갈리아 지역 출신들에 대한 원로원 의석을 배분을 놓고 갈등이 빚어졌다. 이때 클라우디우스는 반대하는 원로원 의원들 앞에서 경계를 허물어 이질적인 것을 포용하는 관용의 미덕을 다시 한번 강조했다.

"로마인의 전통은 융합과 관용에 있다. 출신지가 어디든 출신 부족이 과거의 패배자든 아니든 우수한 인재는 중앙에 흡수하여 활용한다는 사고방식이 로마의 전통이다. 로마는 항상 새로운 피를 수혈하여 국가를 새롭게 해왔다. 이방인을 따돌리는 그리스보다 로마가 뛰어난 것은 이 점에 있다. 한때 이방인이었던 민족들은 지금 모두 우리와 똑같은 의무와 권리를 가진 시민이 된 지 오래다. 갈리아인은 생활습관과 교육, 혼인을 통해 오랜 시간 로마와 교류해온 민족으로 사실상 로마와 같은 민족이다. 그들에게 원로원 의석을 배분해 주는 것은 지극히 당연하다."

— 시오노 나나미, 〈로마인 이야기〉

로마는 차이 나는 것들 사이에 존재하는 경계를 허물어 공존을 모색한 최초의 제국이었다. 중국이 만리장성이라는 경계를 만들어 이민족과의 차별을 강조한 반면 로마는 거꾸로 경계를 허물고 차이 나는 것들을 연결시키기 위해 85,000km에 이르는 가도街道를 만들어 소통과 공존을 모색했다.

장자는 추수 편의 우화에서 경계와 차이, 공존의 의미를 다음과 같이 말한다.

하백이 말하였다.

"혹은 만물의 밖에서인지 만물의 안에서인지, 어디에서 귀천 貴賤을 나누고 대소大小를 나눕니까?"

북해의 신 약若이 대답했다.

"도의 입장에서 본다면 만물에는 귀천의 차별이 없는데 만물의 입장에서 본다면 스스로를 귀하게 여기고 상대를 천하게 여기며, 세속의 입장에서 보면 귀천은 자기에게 달려있지 않소. 차이의 입장에서 보아 자기가 크다고 여기는 것에 따라 크다고 한다면 만물은 크지 않은 것이 없고, 자기가 작다고 하는 것에 따라 작다고 한다면 만물은 작지 않은 것이 없소. 천지도 돌피가 됨을 알고 털끝도 산언덕이 됨을 안다면 차별의 이치가 보이게 됩니다. 공능功能의 입장에서 보아 자기가 있다고 여기는 것에 따라 있다고 한다면 만물은 있지 않은 것이 없고, 자기가 없다고 여기는 것에 따라 없다고 한다면 만물은 없지 않은 것이 없소. 동쪽과 서쪽은 상반되지만 서로 없어서는 안 됨을 알면 공능의 분량이 정해지게 됩니다. 취향趣向의 입장에서 보아 자기가 옳다고 여기는 것에 따라 옳다고 한다면 만물은 옳지 않은 것이 없고, 자기가 그르다고 여기는 것에 따라 그르다고 한다면 만물은 그르지 않은 것이 없소. 요堯와 걸桀이 자신을 옳다고 여기고 상대를 그르다고 여겼음을 안다면 취향과 지조가 보이게 됩니다."

— 〈장자〉 추수 편

장자가 볼 때 만물은 상대적이다. 자신을 기준으로 상대를 바라보면 상대는 자신보다 열등한 존재가 된다. 나는 옳고 상대는 그르고, 나는 정의롭고 상대는 불의하고, 나는 관대한데 상대는 속이 좁은 사람이 된다. 하지만 이러한 판단은 상대방에게도 마찬가지이다. 상대의 입장에서는 그 자신이 옳고 정의롭고 관대한 반면, 나는 그르고 불의하고 속이 좁은 사람이다.

조직 생활을 하면서 나의 기준에서 보면 상대가 나보다 빨리 승진하고 연봉을 많이 받는 것이 이해되지 않는다. 나보다 보잘것없고 능력도 떨어지는 것 같은데 승진과 연봉은 나보다 빠르고 많다. 하지만 상대는 자신이 나보다 승진을 빨리하고 연봉이 높은 것이 당연한 일이다. 나보다 자신의 능력이 더 뛰어나다고 생각하기 때문이다. 이런 기준으로 만물을 평가하고, 그럼으로써 경계를 짓고, 구분하는 것은 도道에 부합되지 않는다는 것이 장자의 생각이다. 내 기준과 잣대로 세상을 평가하는 태도를 버려야 만물을 공정하고 객관적이고 바르게 볼 수 있다.

로마가 제국을 이룰 수 있었던 것은 자신을 기준으로 판단하는 오만함을 버리고 상대를 포용했기 때문이다. 카이사르는 유대인들의 관점에서 그들을 대했기 유대인들의 지지를 끌어낼 수 있었고, 아우구스투스가 제국의 평화를 이룰 수 있었던 것도 이민족들을 로마의 관점이 아니라 이민족의 관점에서 바라봤기 때문이었다.

카이사르와 아우구스투스는 정책을 시행함에 있어 이민족을 차별하지 않았다. 중국인들처럼 로마가 만리장성을 쌓아 이민족들을 경계 밖으로 내몰았다면 역사는 달라졌을 것이다. 로마는 경계를 없앰으로써 제국을 이루었다.

4차 산업혁명 시대의 최대 화두는 존재하는 것들의 경계를 허물어 융합적 가치를 가진 혁신기술을 만들어내는 것이다. 사물인터넷IoT은 사람과 물질의 경계를 지웠고, 인공지능AI은 사람과 로봇의 경계를 흐리게 만들었다. 그리고 증강현실 기술AR과 가상현실 기술VR로 현실 세계와 가상세계의 경계마저도 무너지고 있다. 양자컴퓨터가 본격적으로 상용화되면 컴퓨터의 정보처리 속도 그 자체가 무의미해진다. 빠른 것과 느린 것의 경계가 없어지기 때문이다.

이러한 혁신기술들은 또 하나의 거대한 '로마제국'이 되어 세상을 통합해 나갈 것이고, 스페이스 엑스의 CEO인 일론 머스크가 구상하는 우주 인터넷이 우주 공간의 보편적인 통신 인프라 체계로 정착되면 '제국'의 공간은 지구촌이라는 지리적 경계를 넘어 우주로, 우주로 무한히 확대될 것이다.

4차 산업혁명 시대의 이러한 트렌드에 부합하는 형태로 조직과 문화를 바꾸어 나갈 때 우리 기업들도 자신들의 '제국'을 이룰 수 있을 것이다. 칸막이가 주는 편안함에 안주하지 말고 조금 불편하고 불안해도 과감하게 칸막이를 치울 줄 아는 결단과 리더십이 그 어느 때보다 필요하다.

나와 너를 구분하지 않는다

경계를 허무는 포용적 리더십과 용인술

세종은 살아있는 역사다. 자연인으로서 세종의 생몰 주기는 600년 전 이미 끝났지만 사회문화적 현상으로서 세종은 여전히 진행형이다. 세종이 오늘날까지 성군으로 추앙받는 1차적인 이유는 그가 남긴 탁월한 업적 때문이다.

세계에서 가장 과학적인 문자인 한글의 창제, 측우기, 혼천의, 간의, 앙부일구를 비롯한 혁신적인 과학기술품의 발명, 4군 6진의 개척과 영토 확장, 아악과 향악 등 음악 체계의 정비 등 세종이 남긴 여러 가지 업적들은 오늘날의 우리 삶에도 크게 영향을 미치고 있다.

세종이 한글을 창제하지 않았다면 한류도 없었을 것이고, 문화강국 대한민국도 존재하지 않았을 것이다. 세종이 발명한 우수한 과학기술품과 장인 정신에 녹아있는 기술 DNA 덕분에 우리는 IT 강국이 되었다. 싸이와 방탄소년단이 빌보드 차트를 휩쓸고 영화 〈기생충〉이 칸과 아카데미를 석권한 것도 우리 음악과 문화의 체계를 자주적이고 주체적으로 정립 한 세종 시대의 성과에 그 뿌리가 닿아 있다.

하지만 세종 치세의 역사를 되돌아볼 때 우리가 잊지 말아야 할 더 중요한 사실이 있다. 국가를 경영하는 군주로서 세종이 보여준 원칙과 리더십이 바로 그것이다. 세종이 남긴 측우기나 혼천의, 앙부일구 등 과학기술품은 박물관의 유물로 남아 있지만 이러한 혁신 제품을 만드는 과정에서 그가 보여준 원칙은 우리 마음속의 유물로 남아 삶의 현장 곳곳에서 우리를 자극하고, 채찍질한다. 그리고 우리를 미래로 이끈다.

세종은 원칙이 뚜렷한 군주였다. 국가의 중대사에 관한 의사결정을 할 때는 충분한 토론을 통해 조정의 중론을 모으는 '숙의 민주주의'를 원칙으로 삼았으며, 인재를 등용할 때는 출신성분에 구애받지 않고 능력에 따라 선발하는 '능력우선주의'를 인사원칙으로 삼았다. 신분의 경계를 허문 세종의 용인술 덕분에 세종 시대에는 각 분야에서 우수한 인재들이 등장했고, 그것이 국가 발전의 원동력이 되었다. 세종 때 18년간 영의정을 지낸 황희를 비롯해 장영실, 김종서 등은 세종의 이러한 국정 원칙이 배출한 대표적인 인재들이다.

황희는 세종에게 정적이었다. 황희는 세자 양녕이 비행을 저지를 때 적극 나서서 그를 옹호했다. 태종은 충녕으로 세자를 교체할 때 그 당시의 일을 떠올리며 황희가 미래권력에 아첨하려 했다고 판단, 남원으로 유배를 보냈다. 하지만 태종이 승하한 후 세종은 자신의 정적이었던 황희를 적극 껴안았다. 신하들의 반대 의견이 있었지만 세종은 황희를 정2품 의정부 참찬이라는 요직에 등용했다. 그리고 강원도에 기근이 심해지자 황희를 강원도 관찰사로 파견했다. 황희는 현지의 기근 현황을 정밀하게 조사한 후 적극적인 구황 정책을 폈다. 세종은 이때부터 더욱더 황희를 신뢰했으며 재임 기간 내내 그를 중용했다.

성현은 〈용재총화〉에서 황희를 조선 왕조 개국 이후 최고의 재상이라며 높이 평가했다. 그 후의 역사를 봐도 황희를 능가하는 재상은 나오지 않았다. 정적을 포용하는 세종의 용인술은 조선시대 최고의 명재상 황희를 탄생시켰다.

세종 때 뛰어난 과학자였던 장영실은 천출이었다. 아버지는 원나라에서 귀화한 기술자였고 어머니는 동래의 관노였다. 하지만 세종은 장영실의 출신에 구애받지 않고 그를 국가의 기술 관료로 특채, 과학기술품 연구, 개발 프로젝트를 총괄하는 팀장을 맡겼다. 재위 3년 세종은 장영실을 명나라에서 천문을 관장하는 사천감으로 유학을 보내 그곳에서 천체물리학 공부를 하게 했다. 노비 출신을 국비장학생으로 선발한 것이었다.

유학을 마치고 귀국한 장영실은 세종 7년(1425) 물시계를 만들어 경계를 허문 세종의 용인술과 리더십에 부응했다. 세종은 "참으로 장하다. 장영실이 중한 보배를 만들었으니 그 공이 참으로 뛰어나다"라며 칭찬을 아끼지 않았다. 크게 기뻐한 세종은 장영실에게 면천 조치를 내린 후 벼슬까지 주었다. 그리고 세종 15년(1433) 9월 장영실이 보다 정확한 물시계인 자격루를 완성하자 세종은 장영실의 벼슬을 종3품 대호군으로 승진시켰다. 노비 출신으로는 파격적인 출세였다.

세종은 장영실이 비록 노비 출신이지만 솜씨가 워낙 뛰어나 국가의 과학기술 수준 향상에 크게 기여했다고 평가했다. 특히 장영실이 발명한 자격루가 중국의 물시계보다 더 정밀하다고 칭찬하면서 그 공로를 인정, 장영실에게 대호군의 벼슬을 내린다고 말했다.

김종서는 6진을 개척했다. 오랜 세월 변방 사령관으로 머물면서 조선 초기 국방을 튼튼하게 한 대표적인 인물이다. 그래서 흔히 무장으로 알고 있지만 김종서는 문관 출신이다. 아버지가 무인이라 용맹한 기질을 타고나긴 했지만 벼슬에 오른 건 문과급제를 통해서였다.

김종서가 북방 개척의 임무를 본격적으로 수행하게 된 것은 1433년이었다. 세종은 김종서를 함길도 관찰사로 파견 북방의 일을 맡겼다. 무관 출신을 임명하는 것이 관례였지만 북방지역의 특성상 문관과 무관의 자질을 아울러 가진 김종서를 적임자로 판단했던 것이다. 북방의 여진족들을 무조건 힘으로 제압해서는 안 된다는 것이 세종의 생각이었다.

북방 지역 주민들 사이에서 김종서는 대호大虎라는 별명으로 불렸다. 그만큼 위세가 대단했다. 김종서는 12년 동안 변방에 머무르면서 조선의 국경을 새롭게 개척했다. 문신과 무신이라는 출신의 경계를 허무는 세종의 창조적인 용인술 덕분에 조선은 개국 초기의 안보를 튼튼하게 하고 국경선을 명확하게 할 수 있게 되었다.

사마천의 〈사기〉에도 경계를 허문 용인술의 위력을 보여주는 사례들이 많이 등장한다. 그중에서도 대표적인 사례가 맹상군 열전과 신릉군 열전에 나오는 에피소드이다.

제齊나라 맹상군은 천하의 인재들을 초빙해서 식객으로 삼았다. 그 과정에서 맹상군은 문턱을 크게 낮췄다. 신분의 귀천에 구애받지 않고 사람들을 받아들였다. 경계를 없앤 그의 용인술 덕분에 맹상군의 집안에는 다양한 재주를 가진 인재들로 붐볐으며 맹상군은 국경을 넘어서까지 명성을 떨쳤다.

진秦나라의 소왕이 이러한 소문을 듣고 맹상군을 초빙해 진나라의 재상으로 삼았다. 하지만 신하들 가운데 누군가가 맹상군을 그대로 두면 진나라의 안위가 위태로워진다고 건의하자 소왕은 맹상군을 옥에 가두고 그를 죽이려 했다. 소왕이 총애하는 여자에게 로비를 벌여 가까스로 옥에서 석방된 맹상군은 옥에서 나오자마자 통행증을 위조하고 성을 바꾸어 도망쳤다. 하지만 밤중에 함곡

관에 이르렀지만 닭이 울어야 관문을 개방하는 관문법關門法 때문에 새벽까지 기다려야 했다.

이때 진나라 소왕은 맹상군을 석방한 것을 후회하면서 군사를 풀어 맹상군을 뒤쫓게 했다. 국경을 넘지 못하고 애를 태우던 맹상군을 구한 것은 그의 집안에서 식객 노릇을 하던 사람이었다. 식객은 닭 울음소리를 내 관문을 지키던 관리들이 문을 열게 해 무사히 진나라를 탈출했다.

문턱과 경계를 낮춘 용인술 덕분에 맹상군의 집안에는 다양한 재주를 가진 인재들이 모여들었고, 그러한 인재관이 절체절명의 위기에서 맹상군의 목숨을 구했던 것이다.

위魏나라의 신릉군도 식객 삼천을 거느리고 있던 실력자였는데 그 또한 인재를 등용할 때 경계를 두지 않았다. 신릉군은 후영侯嬴과 주해朱亥 등 두 사람을 특히 신뢰했는데 후영은 나이가 70이 넘은 노인으로 대량이라는 지방의 문지기였으며 주해는 푸줏간에서 일하는 백정이었다. 두 사람은 모두 신분이 천했지만 인품이 훌륭했다. 그래서 신릉군은 두 사람의 신분에 개의치 않고 그들을 빈객으로 섬기었다. 잔치 때는 두 사람을 상석에 앉힌 후 공손하게 두 손으로 술잔을 따르는 등 각별히 예우했다.

진秦나라 소왕이 조나라의 수도 한단을 포위하자 조나라의 평원군은 위나라 왕과 신릉군에게 편지를 보내 구원을 요청했다. 조나라 평원군과 위나라 신릉군은 처남 매부 사이였다. 위나라 왕은 장군 진비晉鄙에게 10만을 이끌고 조나라를 구원하게 했다. 하지만 진나라의 소왕이 협박하자 겁이 나서 군대를 업鄴 땅에서 멈추게 한 후 더 이상 진격하지 않도록 했다. 겉으로는 조나라를 구한다고 하면서 실은 양다리를 걸친 채 관망했던 것이다.

신릉군은 여러 차례 위나라 왕에게 조나라로 출격할 것을 건의했지만 끝까지 왕이 거부하자 계략을 쓰기로 마음먹는다. 이때 후영과 주해 두 사람은 살신성인의 자세로 신릉군을 돕는다. 후영은 진비 장군의 병부를 훔쳐 내는 계책을 내서 성사시킨 후 자결한다. 몸이 늙어 직접 전장으로 가지 못했기 때문에 죽음으로써 자신의 충정을 내보이고자 했던 것이다. 그리고 주해는 진비 장군이 병부를 맞추어보고도 끝까지 병권을 내놓지 않자 철퇴를 휘둘러 진비 장군을 죽인 후 신릉군이 병권을 장악하게 한다. 후영과 주해의 활약으로 신릉군은 마침내 위나라의 군대를 이끌고 가서 조나라를 구한다.

〈장자〉 제물론 편에서는 이렇게 말한다.

만물은 본디 그러한 바가 있고 만물은 본디 괜찮은 바가 있으니, 그렇지 않은 만물은 없고 괜찮지 않은 만물도 없다. 그래서 이때문에 풀의 줄기와 굵은 기둥과 문둥이와 서시西施(중국의 4대 미녀 중 한 사람)와 엄청난 것과 괴이한 것들을 통틀어 도는 공통적인 것이어서 한 가지이다. 그 나뉨은 다른 편에서의 이루어짐이고 그 이루어짐은 다른 편에서의 손상됨이다. 무릇 만물은 이루어짐이나 손상됨을 막론하고 또한 공통적인 것이라서 한 가지이다. 오직 깨달은 자만이 공통적인 것이라서 한 가지임을 아니 이때문에 분별하는 법을 쓰지 않고 이것을 한결같은 도에 맡긴다.

物固有所然 物固有所可 無物不然 無物不可 故為是舉莛與楹 厲與西施 恢恑憰怪 道通為一 其分也 成也 其成也 毀也 凡物無成與毀 復通為一 唯達者知通為一 為是不用而寓諸庸 庸也者 用也 用也者 通也 通也者 得也 適得而幾矣 因是已 已而不知其然 謂之道

— 〈장자〉 제물론 편

세종과 맹상군, 신릉군 세 사람은 장자가 말하는 도의 원리를 깨우친 리더들이었다. 그래서 경계를 정해놓고 사람을 구분하지 않았다. 그들에게는 신분의 귀천이 없었고, 사람은 누구나 똑같은 사람이었다. 그래서 인재를 고루 등용했다. 세종 시대를 빛낸 황희나 김종서, 장영실은 세종의 그러한 철학이 만들어낸 위대한 인재들이었고, 사마천이 〈사기〉 열전에서 맹상군과 신릉군을 특별히 소개하고 있는 것도 그들의 인재관이 후세의 귀감이 되기 때문이다.

제2장

융합에 대한 사유

간섭하고 지배하려 하지마라
인간관계는 "목계(木鷄)처럼 담백하게"

갓난아기 시절의 인간은 무한히 약한 존재다. 부모의 도움 없이는 아무것도 혼자 힘으로 할 수 없다. 일어서는 것은 고사하고 몸을 마음대로 뒤척일 수도 없다. 이때부터 자연스럽게 열등감이 몸에 밴다. 다른 사람보다 자신이 열등한 존재라는 무의식적인 콤플렉스는 어른이 된 후에도 좀처럼 없어지지 않는다.

정도의 차이는 있지만 누구나 조금씩 열등감을 갖고 산다. 하지만 열등감이 반드시 나쁘게만 작용하는 것은 아니다. 긍정적인 에너지로 발현될 경우 열등감은 삶의 추진력으로 작용할 수 있다. 더 나은 상태로 진화하려는 인간의 욕망이나 의지는 모두 열등감에서 비롯된다. 말馬처럼 빨리 달릴 수 없기에 인간은 자동차를 발명했고, 새처럼 훨훨 날 수 없는 존재이기에 비행기를 발명했다.

문제는 과도한 경우다. 정도가 심한 열등감은 우월 콤플렉스로 쉽게 탈바꿈된다. 자신이 남들보다 더 특별하고 우월한 존재여야 한다는 강박관념의 뿌리에도 열등감이 자리 잡고 있다는 것이 알프레드 아들러Alfred Adler의 진단이다. 이렇게 되면 간단치 않은 사회적 문제를 야기하게 된다. 매사에 타인의 업무에 간섭하고 타인을 지배하려 든다.

"열등감이 극심해지면 과잉보상을 추구하게 되고 어떤 대가를 치르더라도 타인을 압도하고 말겠다는 정복욕을 품게 된다."
― 알프레드 아들러 〈인간이해〉.

이런 사람이 조직의 일원이 되면 조직원들끼리의 인간관계는 꼬이게 되고 서로가 피곤해진다. 아들러가 제시하는 해결책은 과제 분리다. 쉬운 말로 고치면 거리 두기다. 내 일과 남의 일을 엄격하게 구분하고 타인의 업무에 임의로 끼어들지 않으면 자연스럽게 서로를 존중하게 되고, 인간관계가 덜 피곤해진다는 것이 아들러 심리학에서 말하는 과제 분리의 요체다.

"이게 다 너를 위해서야."

남의 일에 끼어들면서 사람들은 늘 이렇게 말한다. 하지만 본심을 들여다보면 거기에는 자신의 욕망이 담겨있다. 타인을 배려하거나 타인을 성장시키기 위해서가 아니라 자신의 욕망을 관철시키기 위해서 끼어드는 것이다. 부모가 자식들의 학업이나 진로, 결혼 문제에 시시콜콜 간섭하는 것도 자식의 장래가 아니라 부모 자신의 사회적 체면이나 이목 때문인 경우가 대부분이다. 드라마 〈스카이캐슬〉에 나오는 부모들의 문제는 일부 잘나가는 상류층 부모들만의 문제가 아니라 대다수 부모들의 문제다.

장자도 인간관계에서 거리두기를 강조한다. 과도하게 자신의 욕망을 타인에게 투사하는 것이 각종 분쟁을 유발하는 근본 원인 이라고 말한다. 소요유 편의 다음 우화를 보자.

어느 날 요堯 임금이 허유에게 이렇게 말했다.

"해와 달이 나와 있는데도 횃불을 끄지 않으면 불을 낭비하는 꼴입니다. 때맞춰 비가 오는데도 여전히 논에 물을 댄다면 그 또한 물 낭비가 아니겠습니까? 능력이 출중한 당신이 나타났는 데도 제가 여전히 천하를 다스리고 있으니 제 부끄러움을 스스 로 감당할 길이 없습니다. 부디 천하를 맡아주십시오."

이에 허유는 이렇게 말한다.

"당신이 맡은 후 천하는 이미 다스려졌습니다. 지금 와서 제 가 나선다면 저는 다만 임금이라는 이름만을 갖는 것에 불과합 니다. 이름이란 실재의 손님에 불과합니다. 저는 결코 손님이 되고 싶지 않습니다. 뱁새가 깊은 숲에 둥지를 튼다 해도 나뭇 가지 하나면 충분하고, 두더지가 황하의 물을 마신다 해도 제

배만 채우면 그만입니다. 돌아가십시오. 저에게 천하는 아무런 의미가 없습니다. 요리사가 조금 서툴다고 제사를 주관하는 제 관祭官이 제사상을 넘어 주방에 들어가지는 않습니다."

―〈장자〉 소요유 편

제관이 요리사의 영역을 침범하지 않는 것은 아들러 심리학에서 말하는 과제 분리에 해당 된다. 허유가 요임금의 자리를 대신하지 않는 것도 같은 이치다. 허유는 임금이라는 명성에 연연해하지 않았다.

인간관계의 본질은 이름, 즉 껍데기에 있지 않고 실재에 있다. 명성에 집착하는 하는 것은 인정욕구에 지나치게 목말라하는 것이다. 아들러는 원만한 인간관계를 위해서는 인정욕구에 과도하게 집착하지 말라고 충고한다. 장자도 이렇게 말한다.

이름이란 서로를 다투게 하는 것이다. 이름에 연연해하지 마라.

名者相軋也 無感其名

―〈장자〉 소요유 편

명성을 추구하는 과도한 인정욕구에서 벗어나는 방법으로 장자는 虛心(허심)을 강조한다. 인간세 편에 나오는 다음 우화를 보자.

어느 날 공자는 안연이라는 제자가 인간관계에 대한 어려움을 토로하자 이렇게 말한다.

"재계齋戒하거라."

이에 안회는 이렇게 말한다.

"저는 집이 가난하여 술을 마시지 않고 식사도 검소하게 하고 있습니다. 이와 같은 생활이 곧 재계가 아닙니까?"

그러자 공자가 답했다.

"그것은 제사 지낼 때의 재계지 마음의 재계가 아니다."

안연이 마음의 재계에 대해 묻자 공자는 다음과 같이 말한다.

"뜻을 온전하게 해서 귀로 듣지 말고 마음으로 들어라. 마음으로 듣지 말고 영혼氣으로 들어라. 귀는 소리를 듣는 데 그칠 뿐이고 마음은 외물을 인식하는 데서 그친다. 기氣라는 것은 텅 빈 상태에서 사물을 대하는 것이다. 도道는 비어있는 곳에 모인다. 비우는 것이 마음의 재계다."

— 〈장자〉 인간세 편

명성을 지나치게 추구하는 탐욕, 즉 마음속의 과도한 인정욕구를 비우는 것이 원만한 인간관계의 지름길이라는 것이 장자의 가르침이다. 과제 분리라는 목표를 성공적으로 달성하기 위해서는 과도한 감정의 분출도 자제해야 한다. 기쁠 때는 웃고 슬플 때는 우는 것이 인지상정이긴 하지만 감정의 기복이 너무 클 경우 과제를 분리하는 것이 어려워질 수 있다. 장자는 혜시와의 감정 논쟁에서 이렇게 말한다.

> 좋아함과 싫어함의 감정을 지나치게 드러내어 그 몸을 안으로 상하게 하지 말아야 한다.
> 人之不以好惡內傷其身
>
> ─〈장자〉 덕충부 편

그러면서 장자는 木鷄(목계)에 관한 우화를 통해 이러한 이치를 알기 쉽게 일깨워준다.

기성자라는 사람이 임금을 위해 싸움닭을 기르고 있었는데 열흘이 지나자 임금이 물었다.
"훈련이 다 끝났는가?"
이에 기성자가 답했다.
"아직 아닙니다. 제힘만 믿고 허세를 부리고 교만합니다."
다시 열흘이 지나 임금이 물었다.
"이제 다 되었느냐?"
기성자는 아직 안 되었다며 이렇게 말한다.
"외부의 소리나 그림자에 민감하게 반응합니다."
또 다른 기한이 지나자 기성자는 마침내 닭이 완성되었다며 이렇게 말한다.

"닭들 가운데 시비를 거는 놈이 있어도 일체 반응하지 않습니다. 마치 나무로 된 닭木鷄과 같아졌습니다. 덕이 온전해져 다른 닭들이 감히 근접하지 못합니다."

―〈장자〉달생 편

목계처럼 주변의 시선보다는 자신과의 싸움에서 이기는 사람이 인간관계의 진정한 승자다. 타인의 시선을 의식하지 않는다는 것이 제멋대로, 자기중심적으로 산다는 것을 의미하지는 않는다. 오히려 반대다. 남에게 어떻게 보일 것인지에만 집착하는 삶이야말로 나 이외에는 관심이 없는 자기중심적 삶이며, 상대의 의사를 물어보지도 않고 남의 일에 간섭하는 사람이야말로 자기중심적인 사람이다.

"퇴근 후 다들 별일 없지? 한잔하고 가는 거야."

칼퇴를 하려고 준비 중인 팀원들을 향한 팀장의 이러한 말 한마디는 조직의 분위기를 싸늘하게 만든다. 퇴근 후 특별한 일정이 없어도 그 시간은 온전히 타인의 것이다. 상사라는 이유로 그 시간을 자기 마음대로 규율하고 통제하려는 것은 자기중심적이고 권위적인 태도다.

상사가 '퇴근 후 한 잔'을 외쳐도 칼퇴 할 수 있는 조직문화가 형성되어야 한다. 상사의 눈치를 보느라, 혹은 상사의 미움을 받기 싫어서 억지로 자리에 끌려가는 것은 조직을 위해서도 개인을 위해서도 바람직하지 않다.

과제를 분리하는 데 익숙해지기 위해서는 적당하게 미움받을 용기를 발휘해야 한다. 허구한 날 회식자리를 마련해서 '우리가 남이가?' '부어라' '마셔라' 하면서 직원들을 붙들어 매던 시대는 지났다. 포스트 코로나 시대의 기업문화는 조직에 대한 충성심이 아니라 일에 대한 충성심을 기준으로 재편되어야 한다. 조직의 팀원들은 친구도 아니고 적도 아니다. 주어진 일 속에서 마주치는 말 그대로 동료이다. 선을 지키면서 철저하게 과제를 분리하는 자세로 업무에 임해야 인간관계에서의 상처도 덜 받고 일의 효율성도 높일 수 있다.

압축성장이 필요했던 산업화 시대에는 회사 동료를 가족처럼 대하면서 똘똘 뭉치는 분위기가 필요했을 수도 있다. 그러나 4차 산업혁명 시대에 접어들면서 업무의 패러다임이 바뀌었다. 네트워크가 충분히 발달되어 분산된 상태에서도 각자의 역할만 충실하게 하면 뭉친 상태 이상의 성과를 낼 수 있다. 업무 패러다임이 바뀌면 조직 내 인간관계의 패러다임도 바뀌어야 한다. 끈적끈적한 인간관계보다는 담백한 인간관계가 요구된다. 장자는 이렇게 말한다.

군자의 사귐은 물처럼 담백하고 소인의 사귐은 단술처럼

·

106

달콤하다. 군자는 담백함으로 인해 교제가 깊어지고 소인은 달콤함으로 인해 교제가 끊어진다.

君子之交淡若水 小人之交甘若醴 君子淡以親 小人甘以絶

— 〈장자〉 산목 편

조직 내 인간관계의 키는 상사나 동료가 아니라 내가 쥐고 있다. 과제를 분리하라. 그리고 칼퇴를 두려워하지 마라.

"진정한 자유란 타인에게 미움을 받는 것이다."

— 기시미 이치로 〈미움 받을 용기〉.

귀를 활짝 열고 듣기에 열중하라
경청리더십, 비대면 공간일수록 더 중요하다.

스티브 잡스는 매우 독선적인 리더였다. 그 자신이 항상 표준이고 최고였다. 그래서 남의 말을 귀 기울여 듣지 않았다. 잡스의 이런 성향은 다른 경영진과의 마찰을 초래했고 잡스가 애플에서 쫓겨난 원인의 하나로 작용했다.

애플에 복귀한 후 스티브 잡스는 직원들에게 자신을 CLO라 불러달라고 주문했다. Chief Listening Officer, 최고경청자란 의미다. 변방을 떠도는 과정에서 깊은 성찰이 있었고 그것이 그러한 자기반성 겸 선언으로 이어졌다. 지시하는 리더에서 듣는 리더로, 잡스의 리더십 반전이 있은 후 애플은 실리콘밸리의 또 다른 신화를 써 내려갔다.

스티븐 코비는 이렇게 말했다.

"성공하는 사람과 그렇지 못한 사람의 대화 습관에는 뚜렷한 차이가 있다. 그 차이점이 무엇인지 단 하나만 꼽으라고 한다면 나는 주저 없이 경청하는 습관을 들 것이다."

잡스에게 딱 어울리는 경구다.

조선 최고의 성군 세종에게도 이 경구는 그대로 적용된다. 세종의 취임 일성은 "그대들의 의견을 듣겠다"였으며 세종실록에 가장 자주 등장하는 문구 중 하나는 "경들의 생각은 어떠하오?"라는 표현이다.

들을 청廳 자는 귀 이耳, 임금 왕王, 열 십十, 눈 목目, 한 일一, 마음 심心으로 구성되어 있다. 어진 임금의 가장 큰 덕목은 큰 귀와 밝은 눈으로 신하들의 말과 몸짓을 잘 듣고 잘 살펴서 마음을 하나로 모으는 데 있다는 의미다. 이 덕목을 가장 잘 실천한 임금이 바로 세종이었다.

청각에 이상이 없는 한 모든 사람은 듣는다. 그러나 듣는다고 해서 다 듣는 것이 아니다. 대부분의 사람들은 자신에게 필요한 말만 골라서 듣는 경향이 있다. 귀에 그슬리는 말은 대체로 흘려 듣는다. 그래서 입으로는 "그래, 알았어"라고 말하지만 마음속으로는 '알았으니 그만해'라고 장벽을 친다. 가정에서, 직장에서, 정치권에서 소통이 제대로 되지 않는 것은 그 때문이다. 소통에서 필요한 것은 단순히 듣는 것이 아니라 귀를 기울이고 마음을 기울여 듣는 것이다. 그래서 경청傾聽이다.

경청의 조건은 비움이다. 수납장이 가득 차면 더 이상 물건을 집어넣을 수 없듯이 사람의 마음도 마찬가지이다. 잡다한 지식이나 경험, 자의식으로 가득 찬 사람은 타인의 말에 귀를 잘 기울이지 않는다. 다 아는데 굳이 들을 필요가 없기 때문이다. 이런 유형의 리더는 조직을 경직되게 만들고 퇴화시킨다. 스티브 잡스가 깨우친 것처럼 4차 산업혁명 시대의 리더에게 필요한 것은 말하는 것이 아니라 듣는 것이고, 그러기 위해서는 채우기 전에 먼저 비워야 한다. 장자는 이렇게 말한다.

마음을 비우고 담백한 상태로 만드는 것은 세상의 근본이자 도덕의 최고 경지이다. 그러므로 제왕이나 성인이 돼야 그 경지에서 머무는 것이다. 마음을 비우면 고요해지고, 고요하면 편하게 되고, 편하면 모든 것을 얻게 된다.

夫虛靜恬淡 天地之本 道德之至 故帝王聖人休焉 虛卽靜
靜卽變 變卽得

—〈장자〉천도 편

세종은 지식이나 학식에서 신하들에게 결코 뒤지지 않았다. 역사와 철학, 음악, 과학 등 다방면에 걸친 독서와 학습으로 스스로 문리를 터득했다. 그러나 세종을 조선왕조 최고의 성군으로 만든 것은

110

그의 머리를 가득 채우고 있던 지식이나 화려한 언변이 아니라 자신을 비운 후 신하들의 말에 귀를 기울인 경청의 리더십이었다.

다양성의 인정 여부는 경청 리더십의 성패를 가늠하는 또 다른 척도다. 자신과 의견이 다른 사람의 말에도 귀를 기울일 수 있어야 경청의 리더십을 제대로 발휘할 수 없다. "또 너야? 됐어, 그만해" 하면서 괴짜나 아웃사이더의 말에 손을 내저으면 조직 내 소통을 활성화시킬 수 없다. 삐딱한 말도 들어주는 리더라는 평판이 나야 직원들이 마음껏 자신의 의견을 개진할 수 있다. 장자는 이렇게 말한다.

세속의 사람들은 자신의 의견에 동조하는 사람은 좋아하고 자신의 의견에 반대하는 사람은 싫어한다. 이것은 자기가 다른 사람보다 더 뛰어나다는 우월감이 마음속에 자리 잡고 있기 때문이다. 그러나 한 번 생각해 보자. 일찍이 자기가 다른 사람보다 뛰어나다고 여겨서 실제로 다른 사람보다 뛰어난 적이 있는가? 다른 사람의 동의를 구하거나 지지를 구하는 것 자체가 다른 사람들의 재능보다 못하다는 것을 드러내는 것이 아닌가? 나라를 다스리는 것도 이와 같다. 다른 나라의 동의나 지지만으로 어떻게 나라를 제대로 다스릴 수 있겠는가? 대인의 가르침은 마치 형체와 그림자, 소리와 메아리의 관계와 같다. 남이 물으면 대답하되 그 사람이 품고 있는 뜻을 오롯이 드러냄으로써 천하의 모든 사람과 짝이 된다.

世俗之人 皆喜人之同乎己 而惡人之異於己也 同於己而
欲之 異於己而不欲者 以出乎衆爲心也 夫以出於衆爲心者
曷嘗出乎衆哉 因衆以寧所聞 不如衆技衆矣 大人之敎 若形
之於影 聲之於響 有問而應之 盡其所懷 爲天下配

—〈장자〉재유 편

장자의 논리에 따르면 자신과 다른 생각을 수용하지 못하는 리더는 잘난 리더가 아니라 못난 리더다.

세종 시대의 허조는 유명한 아웃사이더였다. 국정을 토론하는 자리에서 허조는 늘 소수의견을 냈다. 모든 신하들이 찬성을 할 때도 허조는 "혹시 이런 폐단이나 문제점이 있을 수도 있다"라며 반대 의견을 내놓았다. 회의의 흐름이 끊기고 분위기가 경직될 수도 있었지만 세종은 단 한 번도 허조의 말을 가로막지 않았다. "경의 말에도 일리가 있다"라며 허조의 소수의견에 귀를 기울였다. 엉뚱한 물음표를 던지는 직원을 가로막을 것이 아니라 그의 진심을 헤아리고 등을 두드려줄 수 있는 리더가 CLO의 자격을 갖춘 리더다. 장자의 우화를 보면 다음과 같은 이야기가 있다.

하백河伯은 중국의 황하를 다스리던 신이었다. 비가 많이 와서 강물이 불어나자 하백은 신이 났다. 만물이 풍성한 것은 자신이 다스리는 황하의 물 때문이라고 생각했다. 우쭐해진 하백은 동쪽으로 강물을 따라가다가 바다를 만나게 된다. 끝이 보이지 않는 바다를 보고 하백은 입을 다물 수가 없었다. 자신이 다스리던 황하가 가장 큰 물인 줄 알았는데 바다는 그보다 훨씬 더 넓고 광대했던 것이다. 하백은 자신의 초라함을 탄식하면서 바다의 신인 북해약北海若에게 이렇게 말한다.

"내가 당신을 만나지 못했더라면 후세의 도인들에게 두고두고 웃음거리가 되었을 것입니다."

그러자 북해약은 이렇게 말한다.

"그렇지 않소. 넓은 우주에서 본다면 나도 작은 티끌 하나 다스리는 것에 지나지 않소."

— 〈장자〉 추수 편

겸손과 경청은 동전의 앞뒷면과 같다. '나는 아무것도 모른다'는 겸손한 마음가짐으로 타인을 향해 귀를 열어두어야 한다.

〈주역〉의 64가지 괘 중 '화천대유火天大有'라는 괘가 있다. 하늘 위에서 태양이 이글거리는 모습을 형상화한 괘로 큰 덕이 베풀어지는 정의로운 세상을 상징한다. 눈여겨볼 것은 그다음에 나오는 괘가 '지산겸地山謙'이라는 사실이다. 위풍당당한 모습을 한 산이 땅속에 자신을 감추고 있는 모습을 형상화 한 괘인데 〈주역〉에서는 이 괘의 이름에 겸손할 겸謙자를 붙이고 있다. 대유大有가 있기 위해서는 겸손謙遜이 뒤따라야 한다는 가르침이다.

죽어가던 공룡기업 IBM을 다시 살린 것도 경청의 리더십이었다. 난파 직전에 있던 IBM의 새로운 선장으로 취임한 루 거스너는 중역들에게 "당신들은 자랑스러운 빅 블루(IBM의 애칭)를 회생시킬 방안을 알고 있습니다. 저에게 그 방안을 들려주십시오"라고 요청했다. 루 거스너가 취임한 후 IBM은 조직을 슬림화 하고, 기업의 비전을 재정립했다. 그리고 제조업체가 아닌 서비스 업체로서 화려하게 부활했다. 이런 성과들은 루 거스너의 머리와 입이 아니라 중역들의 머리와 입에서 나온 것이었다. 루 거스너는 그들의 말을 경청했고 발언한 사람들이 프로젝트를 책임지고 추진하도록 권한을 전폭적으로 위임했다.

"함께 모여 열띤 토론을 벌이면 탁월한 한 사람이 내린 것보다 더 나은 결정을 내릴 수 있다"라는 아리스토텔레스의 말처럼 기업을 살아있는 건강한 조직으로 만들기 위해서는 토론문화가 활성화되어야 하며, 회의에서 구성원들은 자유롭게 의견을 개진해야 한다. 그리고 CEO는 경청해야 한다.

비대면이 일상화된 포스트 코로나 시대에는 특히 상대의 말에 귀를 기울이는 습관이 중요하다. 줌을 켜놓고 자신이 하고 싶은 말만 늘어놓을 경우 소통은 거의 불능 상태가 되고 말 것이다. 오프라인 공간에서는 그러한 상황이 어느 정도 통제가 가능하지만 비대면 상태에서는 수습 자체가 힘들어질 수 있다.

아무리 잘생겨도 매력이 없다면!
미추(美醜)에 경계란 없다. 자신만의 매력으로 승부하라.

생산의 3대 요소는 원료와 노동, 자본이다. 자본주의 체제에서는 세 가지 요소 중 자본이 가장 중요하다. 자본이 없으면 원료는 방치되고 노동은 휴지休止 상태가 된다. 노동이 잉여가치를 생산하는 데 가장 중요한 요소라고 규정했던 칼 마르크스조차도 자신의 저서를 〈노동론〉이 아니라 〈자본론〉이라고 했다. 자본주의를 지양止揚하기 위한 이론을 만들고자 했지만 생산요소 가운데 자본이 제1선행 요소임을 부정하지는 못했던 것이다.

자본 하면 곧 돈이 떠오르지만 돈 이외에도 자본이 될 수 있는 것들이 있다. 개인의 지식이나 기술, 경험, 인적 네트워크 등도 활용하기에 따라 훌륭한 자본이 될 수 있다. 프랑스 출신의 사회학자 피에르 부르디외는 자본을 경제자본money, 인적자본human capital,

사회적 자본social capital의 세 가지로 분류한다. 인적자본이란 무엇 what을 아는 지식을 의미하고, 사회적 자본은 누구who를 아는 인맥을 의미한다.

4차 산업혁명 시대를 맞으면서 새롭게 떠오르는 자본이 매력 자본erotic capital이다. 매력은 매魅자가 말해주듯이 도깨비처럼 상대를 홀리는 힘, 끌어당기는 힘이다. 그 힘은 이성적으로 설명할 수 없으며, 독립적이고 파괴적이며 예측불가하다. 그야말로 도깨비다. 매력은 돈, 지식, 스펙, 인적 네트워크와 같은 3차 산업혁명 시대의 자본과는 완전히 다른 형태의 자본이다. 노벨경제학상을 수상한 대니얼 카너먼Daniel Kahneman은 이렇게 말한다.

"성공을 위한 가장 중요한 조건은 지능이나 학벌, 운이 아니라 바로 매력이다."

자본에 대한 기존의 패러다임으로 바라보면 방탄소년단의 성공을 설명할 길이 없어진다. 그들을 세계적인 스타로 키운 것은 돈도 스펙도 인적 네트워크도 아니었다. 방탄소년단은 그들 자신만의 매력으로 빌보드차트 1위를 정복했다. 그들만의 스타일, 그들만의 스토리, 그들만의 퍼포먼스가 없었더라면 세계인의 눈과 귀를 사로잡지 못했을 것이다. 방탄소년단은 미국 주류 사회에서 볼 때 철저한 아웃사이더이다.

4차 산업혁명 시대에는 이 밖에도 수없이 많은 이단아, 비주류들이 있다. 펑크족, 고스족, 음악 광팬, 스포츠 광팬 등 자신만의 매력으로 승부하려는 또 다른 BTS들, 또 다른 비주류들이 4차 산업혁명 시대의 변혁을 선도하고 있다. 영국의 세계적인 의류업체인 막스 앤 스펜서Marks & Spencer의 가장 잘나가는 프랑스인 모델은 라틴계 출신의 백인이 아니라 혼혈인 출신의 노미 르누아르이다.

매력 자본의 또 다른 특징은 반전反轉의 묘미에 있다. 예기치 못한 방식으로 상황을 뒤집어 기존의 것과는 전혀 새로운 가치를 창출하는 힘이 매력 자본의 진정한 매력 포인트이다. 영화배우 마동석은 울퉁불퉁한 얼굴과 근육질의 몸매를 가졌지만 귀여운 남성을 대표하는 마블리라는 애칭으로 불린다. 특유의 매력으로 자신에 대한 이미지를 180도 반전시켰기 때문이다. 위니 할로우Winnie Halow는 어린 시절 색소 결핍으로 인한 피부 질환인 백반증 때문에 친구들로부터 얼룩말, 젖소라는 놀림을 받았지만 자신의 단점을 강점으로 반전시켜 세계적인 패션스타가 되었다.

〈장자〉는 반전의 미학이 있는 매력 덩어리 고전이다. 〈장자〉에 등장하는 모든 우화에서 이러한 매력을 발견할 수 있다. 〈장자〉의 들머리 글인 소요유 편에는 쓰르라미라는 새가 등장한다. 쓰르라미는 새 중에서도 아주 보잘것없고, 하찮은 새이다. 그런데 이 쓰르라미가 날갯짓 한 번에 구만리를 나르는 대붕大鵬을 가벼운 웃음으로 디스 한다.

"아니 쟤 왜 저러냐? 우리처럼 살짝 날갯짓 해서 느릅나무나 박달나무 가지에 안착하면 될 텐데 쟤는 뭐 하러 구만리나 나르느냐? 가볍게 날아 가까운 교외에 가서 도시락 맛있게 먹고 집으로 돌아오면 될 텐데 뭐 한다고 저런 난리 브루스냐?"

대붕은 덩치는 크지만 실속과 매력이 없는 새이고 쓰르라미는 덩치는 비록 작지만 자존감으로 똘똘 뭉친 매력 있는 새이다. 스케일이 크다고 무조건 매력이 있는 것은 아니다. 큰 덩치는 오히려 4차 산업혁명 시대의 도도한 흐름을 따라가는데 짐만 될 수 있다. 쓰르라미처럼 몸집이 작아도 나만의 매력으로 소비자들의 마음을 홀릴 수 있는 상품을 만드는 기업만이 4차 혁명 시대에 살아남을 수 있다. 또 다른 우화를 보자.

양주楊朱가 송宋 나라 동쪽에 갔다가 돌아오는 길에 어느 여관에서 하룻밤 묵게 되었다. 여관 주인에게는 두 명의 첩이 있었는데 그중 한 명은 미인이었고 또 다른 한 명은 추녀였다. 그런데 여관집에서 일하는 남자들이 하나같이 못생긴 추녀는 귀하게 떠받들었지만 미녀에게는 눈길 한 번 제대로 주지 않고 푸대접을 했다. 하도 기이해서 양주가 그 까닭을 묻자 한 남자가 이렇게 대답했다.

"미인은 자기 스스로 아름답다고 생각하면서 거드름을 피우지만 저는 그 여자가 아름다운지 알지 못하겠습니다. 그래서 박대를 하는 것입니다. 하지만 추녀는 스스로 못생겼다고 생각하면서 겸손하게 행동합니다. 그래서 저는 그 추녀가 오히려 아름답다고 생각하고 귀하게 떠받들고 있습니다."

양자는 따라온 제자들에게 말했다.

"제자들아, 잘 기억해 두어라! 현명하게 행동하면서도 스스로 현명하다고 과시하는 태도를 버리면, 어디 간들 사람들에게 사랑받지 않겠는가!"

─⟨장자⟩ 산목 편

얼굴이 잘 생겼다는 것은 커다란 장점이다. 하지만 그것만을 믿고 자기 계발을 게을리하면 매력을 상실할 수 있다. 거꾸로 얼굴이 못생겼더라도 그것을 만회하기 위해 부단히 자신을 가꾸면 매력 있는 사람으로 거듭날 수 있다. 마동석이 마블리가 되고, 위니 할로우가 세계적인 패션스타가 된 것은 선천적으로 타고난 매력 때문이 아니라 후천적으로 갈고닦은 매력 때문이었다.

우화에 등장하는 여관 주인의 잘 생긴 첩은 자신의 예쁜 얼굴만 믿고 거드름을 피우다가 사람들로부터 외면을 당했다. 하지만 못생긴 첩은 경쟁력이 없는 자신의 미모를 만회하기 위해 부지런히 헬스를 해서 몸매를 가꾸고 사교술과 예의범절도 갈고닦아 사람들을 홀릴 수 있는 매력을 갖추게 되었다. 헬레나 루빈스타인의 말처럼 못생긴 여자는 없다. 다만 게으른 여자가 있을 뿐이다.

〈매력 자본〉의 저자 캐서린 하킴도 이렇게 말한다.

> "아름답게 태어난 사람이 확실히 유리한 것은 사실이다. 그러나 시간과 노력을 투자할 각오가 되어 있다면 결국 모든 사람들이 비슷한 결과를 얻을 수 있다."

프랑스 사람들이 자주 쓰는 벨르 레이드belle laide라는 말은 '못생겼지만 훌륭한 자기표현력과 세련된 스타일로 매력을 풍기는 사람'을 뜻한다. 배우 유해진을 떠올리면 쉽게 와닿는다.

매력 자본은 다면적이다. 얼굴이 예쁘지 않으면 춤과 사교술, 연기로 그것을 커버할 수 있고, 공부를 못하면 음악이나 스포츠 실력을 갈고닦아 매력 있는 사람이 될 수도 있다. 4차 산업혁명 시대는 매력이 지배하는 시대, 이른바 cutocracy의 시대이다. 하와이대 미래전략센터 짐 데이토Jim Dator 소장은 "미래사회에는 국민총생산 GNP가 아니라 국민총매력지수 GNCGross National Cool를 국가의 부를 측정하는 지표로 삼아야 한다"라고 말한다.

4차 산업혁명 시대에서 대중들의 마음을 지배하는 사람은 배지를 단 정치인이나 돈다발을 흔드는 재벌이 아니라 방탄소년단과 같이 나만의 끼와 매력으로 상대를 홀리는 사람들이다. SNS에서 인기를 끄는 스타들의 공통점도 그들이 스펙이나 돈, 권력을 자랑

질하지 않고 자신만의 매력을 발산함으로써 사람들을 홀린다는 점이다.

4차 산업혁명 시대를 제대로 준비하기 위해서는 수많은 BTS들이 추구하는 새로운 라이프스타일에 눈을 돌려야 한다. 그리고 그들이 가진 매력 자본의 힘을 생산 과정에 제대로 녹일 수 있는 기업이라야 매력 있는 기업이 될 수 있다. 경영 컨설턴트들은 나만의 셀링 포인트USP, Unique Selling Proposition만 잘 설정하면 소규모 자본과 기술력으로도 소비자들의 마음을 홀리는 매력 있는 기업이 될수 있다고 말한다. 자신만의 매력과 장점을 어떻게 살리느냐에 따라 대접받는 추녀가 될 수도 있고 홀대받는 미녀가 될 수도 있다.

"저를 믿어 주시니, 최선을 다하겠습니다!"
자율과 타율의 경계를 허무는 무위의 리더십

"스스로 국가의 일을 내 책임이라 여기며 살아왔다."

세종대왕 당시 재상을 역임했던 허조가 임종 당시 남긴 말이다.
허조가 책임의식을 가지고 공직을 수행할 수 있었던 배경에는 세
종의 리더십이 있었다. 세종은 취임하자마자 "나랑 같이 국사에
대해 의논하자"라며 신하들에게 토론을 제안했다. 초짜 임금이라
업무에 서투니 당신들의 지혜를 빌려달라는 취지였겠지만 일방적
인 명령이나 지시가 아닌 상호 협의를 취임 일성으로 내놓은 것은
무척 신선했다.

신하들은 토론하는 과정에서 리더로서 세종이 품고 있던 비전
을 공유하게 되었으며 국가경영에 대한 자기 책임성을 가지게 되

었다. 세종은 무위無爲의 리더십으로 신하들을 타율적 객체가 아닌 자율적 주체로 바꿔놓았다. 허조를 비롯한 황희, 김종서, 박연, 장영실과 같은 큰 인물들이 탄생할 수 있었던 것도 세종의 이러한 무위의 리더십과 무관하지 않다.

4차 산업혁명은 탈규격, 탈규제, 탈이념, 탈권위의 포four 탈혁명이다. 정해진 틀이나 매뉴얼, 전통적 생각과 리더의 권위에 의존하는 조직은 4차 산업혁명 시대에 살아남기 힘들다. 구글의 조직문화는 그래서 눈여겨볼 만하다. 구글 사옥에 들어서면 10여 미터가 넘는 긴 화이트보드가 눈길을 끈다. 마스터플랜이라 불리는 이 화이트보드에는 사훈이나 전달사항이 적혀있지 않다. 대신 직원들의 온갖 낙서가 빼곡하게 적혀 있다. 제품에 관한 아이디어나 회사에 대한 자신의 코멘트, 어젯밤 동료들과 맥주를 마시면서 나눴던 대화 등 사적인 이야기를 자유롭게 적을 수 있는 공간이 화이트보드다.

구글 직원들에게는 정해진 근무시간이나 형태도 없다. 근무시간 중 회사 내에 마련된 당구장에서 당구를 칠 수도 있고, 미술관에서 그림을 관람할 수도 있고, 카페테리아나 마사지 숍, 피트니스센터에서 휴식을 취하거나 신체를 단련할 수도 있다. 출근 시간에 데리고 와서 맡겨놓은 아이들에게 가서 동화를 읽어줄 수도 있다. 구글의 리더들은 이러한 방임형 조직문화를 권장하고 육성한다. 직원들에게는 조직의 목표나 성과를 구체적으로 제시하지 않는다. 비전만 제시한 후 그 비전을 구체화할 수 있는 방법은 직원들 스스로 알아서 하게 내버려 둔다.

방임에 가까운 이러한 리더십 덕분에 직원들은 틀이나 규격, 권위에 전혀 구애받지 않고 자유롭게 아이디어를 내고, 동료들과 토론하고, 그 결과를 집약해서 위에 건의한다. 구글은 이를 바탕으로 혁신적인 가치들을 끊임없이 만들어낸다. 구글이 창사 20년 만에 연 매출 1000억 달러를 돌파(2017년 기준)할 수 있었던 것은 CEO들의 무위의 리더십과 자유로운 조직문화 덕분이었다.

〈장자〉에는 무위의 리더십을 강조하는 대목이 여러 군데 나온다. 대종사 편에 나오는 다음 구절이 대표적이다.

진인은 무위를 일삼아 노닐고, 세상에서 통용되는 생각의 틀이나 규격에서 벗어나 자유롭게 떠돌아다닌다.

眞人 逍遙乎無爲之業 茫然彷徨乎塵垢之外

—〈장자〉 대종사 편

기업 경영의 측면에서 볼 때 위 구절에 나오는 진인眞人은 조직의 리더라 할 수 있고, 무위지업의 업業은 일, 사업영역, TF, 프로젝트 등으로 해석할 수 있다.

4차 산업혁명 시대 혁신 기업의 리더는 열린 마음으로 구성원들과 소통하면서 업무業에 대한 간섭을 최소화無爲한 채 조직을 놀이

터 삼아 유유자적逍遙한다. 그리고 낡고 때 묻은塵垢 기성적 관념이
나 방식에서 벗어나夶 자유롭게 상상하고茫然 일체의 틀에 얽매이
지 않고 유연하게彷徨 기업을 경영한다.

응제왕편에서 장자는 무위의 리더십이 갖춰야 할 덕목을 다음
과 같이 제시한다.

이름을 얻으려고 일을 억지로 꾸미지 않으며, 일의 책임을
아랫사람에게 떠넘기거나 자신의 생각을 내세우지 않는다.
無爲名尸 無爲謀府 無爲事任 無爲知主

— 〈장자〉 응제왕 편

그리고 장자는 응제왕편에 나오는 다음 우화를 통해 인위적이
고 작위적인 리더십이 초래할 수 있는 해악을 경고한다.

남해의 임금을 숙儵이라 하고 북해의 임금을 홀忽이라 하며
중앙의 임금을 혼돈混沌이라 한다. 숙과 홀이 때마침 혼돈의 땅
에서 만났는데 혼돈이 매우 융숭하게 그들을 대접했다. 이에 숙
과 홀은 혼돈의 은혜에 보답하고자 그 방법을 의논했다.
"사람은 누구나 눈, 귀, 코, 입의 일곱 구멍이 있어서 그것으
로 보고 듣고 먹고 숨 쉬는데 혼돈에게만 이 구멍들이 없다. 그
러니 우리가 선물을 주는 셈 치고 혼돈에게 구멍을 뚫어주자."

·

숙과 홀은 의논을 마친 후 매일 하나씩 혼돈에게 구멍을 뚫어
주었는데 7일이 지나자 혼돈은 그만 죽고 말았다.

— 〈장자〉 응제왕 편

역대 중국 황제들은 무위의 리더십을 주요한 통치이념으로 삼
았다. 한나라의 창업주 유방은 무위의 리더십으로 천하를 손에 넣
었다. 진秦나라의 수도 함양에 먼저 도착한 유방은 기존 법률 가운
데 세 가지 조항約法三章만 남기고 나머지는 모두 폐지했다. 무위에
바탕을 둔 과감한 개혁 조치로 유방은 진나라 귀족들과 백성들의
민심을 사로잡았으며 항우와의 천하쟁패를 유리하게 이끌었다.

북경에 있는 자금성 교태전에는 無爲(무위)라고 쓰인 액자가 걸
려 있다. 청나라의 최전성기를 이룩했던 건륭제가 직접 쓴 친필
액자다. 중국의 황제들은 넓은 대륙을 효율적으로 통치하기 위해
유위가 아니라 무위의 리더십을 선택했다.

간디도 무위의 리더십으로 인도의 정치, 경제, 사회의 변혁을
이끌었다. 세계평화네트워크 소장을 맡고 있는 노르웨이 출신의
요한 갈퉁 교수의 말처럼 '간디는 혁명을 시도하지 않았지만 가장
위대한 혁명가'였다. 간디는 타인에게 영향력을 미치기 위한 그 어
떠한 작위적 행동도 하지 않았지만 수없이 많은 사람들에게 영향
력을 미쳤다. 노벨상 수상자인 타고르와 로맹 롤랑, 조지 버나드
쇼, 달라이 라마를 감화시켰고, 전 세계 식민지 국가들의 민중 투

.

쟁을 촉발시켰다.

〈장자〉는 우화 형식을 빌려 초현실의 세계를 다룬다. 요즘의 장르로 말하자면 판타지로 분류할 수 있다. 흥미롭게도 현대의 대표적 판타지인 〈해리 포터〉나 〈반지의 제왕〉에서도 우리는 무위의 리더십이라는 코드를 읽을 수 있다.

호그와트 마법학교의 교장 덤블도어와 마법사 간달프는 큰 틀에서의 미션—어둠의 세력과 싸워서 절대 권력을 상징하는 성물聖物과 반지를 제거하는 일—만 일러주고 구체적인 미션 수행 방법에 대해서는 해리 포터와 프로도에게 일임한다. 해리 포터와 프로도는 여러 가지 난관에 봉착하지만 불굴의 의지와 친구들의 도움으로 그 난관을 극복해 나간다. 그리고 그 과정에서 팀워크와 협업의 필요성, 동지적 연대와 소통의 중요성, 미션에 대한 견고한 책임감을 깨닫게 된다. 만일 덤블도어와 간달프가 구체적인 방법까지 일러주었더라면 해리 포터와 프로도는 미션에 대한 창의적인 해법을 찾지 못했을 것이며 결국 미션은 실패로 끝났을 가능성이 높다.

조직의 위기를 돌파하는 힘과 비전의 공유, 새로운 가치를 창출하는 힘, 조직에 대한 충성심과 책임의식은 유위의 리더십이 아니라 무위의 리더십에서 나온다. 리더가 시시콜콜 업무에 간섭하거나 개입하면 구성원들이 멀미를 느끼고 스트레스를 받아 일을 제대로 할 수 없게 된다. 강력한 유위의 리더십이 작동되면 직원들은 윗선의 눈치 보기에 바빠지고 조직은 보신주의에 빠져 업무 효율이 떨어진다.

유위한 지도자는 헤겔이 말하는 주인과 노예의 역설에 빠진다. 주인(통치자, CEO)이 노예(백성, 직원)를 더 강하게 억압하고, 지배하고, 통제할수록 노예는 더 약하고, 우유부단하고, 평범해진다. 유위의 리더십을 발휘하는 주인은 직원의 CEO가 아니라 노예의 CEO가 된다. 즉, 약하고, 우유부단하고, 평범한 사람들의 우두머리가 될 뿐이다. 큰 가닥만 잡아주고 세세한 것은 위임하는 무위의 리더십이 오히려 조직원들의 책임감과 업무 효율을 높일 수 있다. 장자는 천도 편에서 이렇게 말한다.

> 리더가 무위해야 일을 맡은 사람이 책임감을 가진다.
> 無爲也則任事者責矣
>
> —〈장자〉 천도 편

일부 신하들이 세종에게 인사 문제는 무엇보다 중요하니 인사 담당자에게 위임하지 말고 직접 챙겨야 한다고 건의하자 허조는 이렇게 말한다.

"일을 맡겼으면 의심하지 말고, 의심이 있으면 맡기지 말아야 합니다. 전하께서 대신을 선택하여 육조의 장으로 삼으신 이상

책임을 지워 성취하도록 하는 것이 마땅하며, 몸소 자잘한 일에
관여하여 신하의 할 일까지 하시려고 해서는 아니 됩니다."

세종은 허조의 손을 들어주었다. 유위가 아니라 무위의 리더십
을 선택한 세종은 조선왕조 최고의 군주로 남았다.

내면 깊은 곳에서 들려오는 영혼의 소리
의식과 무의식의 경계에서 창조의 꽃이 피어난다.

데카르트는 코기토cogito를 인간의 원점이라고 봤다. 세상 모든 것을 의심한다 해도 의식의 주체인 '나'라는 존재만큼은 의심할 수 없다고 믿었다. 프로이트는 이 믿음을 뒤집었다. 의식을 조종하는 더 깊은 심연의 힘이 있으므로 의식이 원점이라는 가정은 성립되지 않는다고 반박했다. 형체가 없고 의식할 수도 없지만 무시무시한 힘을 가진 이 실체를 프로이트는 무의식이라고 칭했다. 프로이트는 무의식의 원천을 성적인 욕망이라고 단정했다.

인간의 정신은 이 욕망을 가두는 지하 감옥이며, 문명은 이 욕망을 억압한 대가로 주어지는 선물이다. 그렇다고 인간이 이 욕망을 언제나 성공적으로 가둘 수 있는 것은 아니다. 욕망은 호시탐탐 기회를 엿보다가 의식의 경계가 느슨해지면 그 틈을 비집고 튀

.

어나온다. 수면상태에서 이 욕망이 튀어나오면 꿈이 되고, 깨어 있는 상태에서 튀어나오면 신경증이 된다. 그런데 이 욕망은 자신의 민낯을 드러내지 않는다. 언제나 가면을 쓴 채 등장한다. 무의식은 위장술로 의식의 눈을 따돌리고 자신의 욕망을 실현시킨다.

> "압축과 변형, 전이轉移라는 가면을 쓴 무의식은 의식의 주의력이 약해진 틈을 타서 교묘하게 자신의 소원을 성취한다. 그것이 꿈이다."
>
> — 프로이트, 〈꿈의 해석〉.

깨어 있을 때도 사람들은 꿈을 꾼다. 그리고 꿈속에서처럼 가면을 쓴 채 살아간다.

칼 구스타프 융은 사람들이 사회생활을 하면서 쓰고 있는 가면을 페르소나라고 불렀다. 융은 한때 프로이트의 후계자로 통했지만 모든 것을 성적 억압으로 연결시키는 프로이트의 이론에 반대하면서 둘은 서로 다른 길을 걸었다. 하지만 사람의 정신세계에 무의식이라는 심층이 존재한다는 프로이트의 이론마저 부정하지는 않았다.

융에 따르면 무의식이라는 내면세계는 그림자를 통해 자신을 드러낸다. 그림자는 어둡고 불안하고 때로는 파괴적이다. 그림자를 접한 자아는 실망한다. '내가 왜 이 모양이지' 하면서 회피하고 도망가려 한다. 그러나 그러면 그럴수록 그림자는 더 길어진다.

현명한 방법은 맞서 싸우는 것이다. 융은 이를 그림자 투쟁이라고 부른다. 그림자와 싸워서 이기기 위해서는 우선 냉철하게 그림자를 응시해야 한다. 그리고 있는 그대로의 그림자를 받아들여야 한다.

그림자에는 선과 악이 공존한다. 부정적인 면만 있는 것이 아니라 긍정적인 면도 있다. 악을 자아의 또 다른 측면으로 받아들이고 정신세계 안에서 선과 악이 하나 되게 하는 태도가 중요하다.

> "그림자 안에 있는 자아의 본질을 냉철하게 들여다봐라. 그 속에 있는 선악 모두를 있는 그대로 받아들이고 파괴적 욕망을 창조적 욕망으로 바꾸어라."
>
> — 칼 구스타프 융, 〈인간과 상징〉.

융은 이러한 과정을 개성화individuation라고 부른다. 인간은 내면 세계에서 꿈틀대는 욕망인 그림자와 싸우는 과정에서 자신만의 인격을 완성해 나간다.

〈장자〉는 철학 책인 동시에 심리학 책이다. 구만리 창공을 나는 대붕도 마음의 조화이고, 꿈에서 장자가 나비로 변하는 꿈도 마음의 조화이다. 장자도 프로이트와 융처럼 마음속에는 인간이 통제할 수 없는 어떤 힘이 존재한다고 봤다.

·

잠들어 있을 때는 혼들이 뒤섞여 꿈을 꾸고 깨어 있을 때는 몸의 감각이 열려 사물과 접촉한다. 접촉하는 것마다 뒤엉켜 날마다 마음과 갈등을 일으키며 싸운다. 겉으로는 부드러운 척하면서 간교하고, 뛰어난 말재주 속에 함정을 숨기고 있으며, 속마음을 깊이 감춰 드러내지 않는다.

其寐也魂交 其覺也形開 與接為構 日以心鬪 緩者 窖者 密者 小恐惴惴 大恐縵縵

— 〈장자〉 제물론 편

그러면서 장자는 인간을 움직이는 파괴적인 욕망을 회궤휼괴恢恑憰怪라고 표현한다. 괴상망측하다는 뜻이다. 네 글자 모두에 마음 심忄자가 들어간 것은 이해할 수 없는 기괴한 욕망들이 모두 마음의 조화임을 나타낸다.

장자에 따르면 마음속 깊은 곳에는 진군眞君이라고 불리는 마음의 주재자가 있어 이러한 욕망을 극복하게 해준다. 진군의 도움을 받아 욕망을 창조적으로 극복한 인간은 성심成心에 이른다.

인간의 내면에 자리 잡은 집단무의식을 추적하는 과정에서 융은 동양의 신화와 노장사상을 깊이 들여다봤다. 태을금화종지太乙金華宗旨라는 도가의 경전에 대한 심리학적 해설서를 직접 쓰기도 했다.

여기서 융은 노장사상에서 말하는 도道를 무의식과 같은 개념으로 풀이했다. 〈장자〉에 나오는 진군眞君은 융이 말하는 진정한 자아self와 맥이 닿고, 성심成心은 개성화, 즉 자아실현에 대응한다. 장자는 성심의 과정에서 자신이 무엇을 선택하고 자신의 재능을 어떻게 활용할 것인지를 인간의 눈으로 속단하지 말라고 가르친다. 인간세 편에 나오는 다음 우화를 보자.

  장석匠石이라는 목수가 제자를 데리고 제나라를 향해 가고 있었다. 곡원이라는 지방을 지날 즘에 장석은 사당에 심어진 상수리나무를 보았다. 나무는 그 크기가 수천 마리의 소를 그늘에 가릴 수 있을 정도였다. 나무를 구경하려는 사람들로 인산인해를 이루었지만 장석은 아무런 관심도 없다는 듯이 가던 길을 갔다. 제자가 장석에게 물었다.
  "제가 도끼를 잡고 선생님을 따라다닌 이래로 재목이 이토록 훌륭한 나무는 한 번도 보지 못했습니다. 그런데도 선생님께서는 처다보지도 않고 가시니 무슨 까닭이십니까?"
  이에 장석이 말했다.
  "그만둬라. 그 나무에 대해 아무 말도 하지 마라. 쓸모없는 잡목이다. 배를 만들면 가라앉고, 관이나 궤를 만들면 빨리 썩고, 그릇을 만들면 빨리 부서지고, 대문이나 방문을 만들면 나무 진액이 흘러나오고, 기둥을 만들면 좀 벌레가 생기니 이 나무는 아무짝에도 쓸모없는 나무이다. 쓸 만한 데가 없기 때문에 장수를 누리는 것이다."

밤에 잠을 자는데 상수리나무가 장석의 꿈에 나타나 이렇게
말했다.

"너는 무엇에다 나를 비교하려 하는가? 배나무, 귤 나무, 유자
나무에 나를 비교하려는가? 이 나무들이 열매를 맺으면 사람들
이 와서 열매를 따니 이로써 참지 못할 모욕을 당한다. 어디 그
뿐인가? 큰 가지는 꺾이고 작은 가지는 찢겨지니, 이것은 그 잘
난 능력으로 자신의 삶을 괴롭히는 것이다. 그때문에 천수를 마
치지 못하고 도중에 요절하니 세상의 모든 사물이 이와 같다.
나는 오랜 세월 쓸모없음을 추구해왔다. 거의 죽을 지경에 이르
렀다가 비로소 지금 나의 모습을 얻었으니, 그것이 나의 가장
큰 쓸모이다. 내가 만약 쓸모가 있었더라면 이처럼 큰 나무가
될 수 있었겠느냐? 너와 나는 모두 매한가지의 사물인데 어찌
하여 네 기준으로 나를 평가한단 말이냐?"

— 〈장자〉 인간세 편

장석은 겉으로 드러나는 인간의 의식을 상징하고, 장석의 꿈에
나타난 상수리나무는 인간의 내면 깊이 자리 잡고 있는 무의식,
영혼의 소리를 상징한다. 장석은 속세의 기준으로 사물의 유용성
과 인간의 쓰임새를 판단한 반면 상수리나무는 진아眞我, 즉 참된
자아의 기준에서 그것을 판단하고 있다.

·

융은 스위스 바젤대학에서 의학을 전공했다. 진로를 고민하던 융은 정신과를 택했다. 그 이유를 융은 영혼의 떨림이 있었기 때문이라고 말했다.

방탄소년단에게도 그러한 영혼의 떨림이 있었다. 그들은 내면 깊은 곳에서 들려오는 영혼의 소리를 들었다. 방탄소년단의 초기 작품들은 그 부름에 응답하는 내용들이 주류를 이루고 있다. 방탄소년단은 큰 성공을 거둔 후 자아의 분열을 경험했다. 월드 스타로 떠 오른 후 그들에 대한 팬들의 기대는 갈수록 높아졌고, 그 기대는 쉽게 떨쳐버릴 수 없는 심적인 부담으로 작용했다.

〈영혼의 지도 : 페르소나〉에는 이러한 고민과 갈등이 담겨있다. 그리고 그들이 이 갈등과 고민을 어떻게 해결해나가고 있는지에 대한 성찰과 해법도 담겨있다.

"MAP OF THE SOUL : Persona … 근데 갈수록 말이 많아. 누군 달리라고 누군 멈춰서라 해. 내 그림자, 나는 망설임이라 쓰고 불렀네. 걘 그게 되고 나서 망설인 적이 없었네. 무대 아래든 아님 조명 아래든 자꾸 나타나 아지랑이처럼 자꾸 날 노려보네… 이게 내 영혼의 지도. Dear Myself, 너는 절대로 너의 온도를 잃지 마… 가끔은 위선적이어도 위악적이어도 이게 내가 걸어두고 싶은 내 방향의 척도, 내가 되고 싶은 나, 사람들이 원하는 나, 내가 사랑하는 나… 지금도 매분 매순간 살아 숨 쉬는

Persona, who the hell am I, I just wanna go, I just wanna fly..."

방탄소년단은 자아에 대한 성찰을 통해 그림자와 싸워서 이기는 방법을 깨우쳤다. 그림자에서 도망치려고 하지 않고 그림자에 담겨있는 선악의 양 면을 모두 응시하고 있는 그대로를 받아들였다. 페르소나를 벗어던지는 대신 그것을 지혜로운 가면으로 만들었다.

〈장자〉어부 편에 나오는 어느 사나이처럼 그들이 그림자로부터 무작정 도망치려고만 했다면 탈진하고 말았을 것이다. 그림자와의 싸움에서 흔히 저지르기 쉬운 잘못 가운데 또 하나는 그림자를 상대에게 뒤집어씌우는 것이다. 융은 이를 투사投射라고 말한다. 못난 남편은 아내에게, 못난 상사는 직원에게 자신의 그림자를 투사한다. 융에 의하면 이러한 행태는 정신병원으로 향하는 지름길이다. 방탄소년단은 자신의 그림자를 타인에게, 세상에게, 팬들에게 투사하지 않고 오롯이 자신의 것으로 끌어안았다.

어두운 욕망이 마음을 흔들 때 가장 필요한 것은 마음속의 그림자를 차분하게 지켜보고 그림자가 던지는 영혼의 소리에 귀를 기울이는 것이다. 소리가 잘 들리지 않는다면 방탄소년단의 〈페르소나〉가 묘약이 될 수도 있다.

Listen to Persona!

저것은 이것에서 나고, 이것은 저것에서 난다
물리적 세계의 경계를 허무는 양자역학이 가져올 혁명적 변화

세상은 양자역학적으로 존재한다. 덕수궁 돌담길의 낙엽 속에 존재하는 전자는 브루클린 다리 위를 굴러다니는 작은 돌멩이 속에도 동시에 존재할 수 있다. 심지어는 달나라의 분화구 곁을 떠도는 먼지 속에도 존재할 수 있다. 양자 중첩superposition이라 불리는 이러한 현상은 상식적으로 볼 때 매우 황당한 이야기처럼 들린다. 하지만 양자역학의 물리법칙에 따르면 한 치의 어긋남도 없는 과학적인 사실이다.

엄밀한 가설을 동원한 각종 양자역학 실험들이 이를 입증하고 있다. 이중 슬릿(직사각형 모양의 구멍) 실험이 대표적이다. 두 개의 슬릿을 향해 전자를 임의로 발사할 때 전자는 두 슬릿을 동시에 통과한다. 서로 다른 전자가 시차를 두고 두 곳을 교대로 통과하는 것이 아니라 동일한 전자가 동시적으로 같은 구멍을 통과하는 것이다. 슬릿 뒤편에 설치된 스크린 위에 형성되는 물결 모양의 파동을 통해 이러한 현상이 마법이 아니라 실제적인 물리현상임을 눈으로 똑똑히 확인할 수 있다.

뉴턴의 고전물리학으로는 이러한 현상을 설명할 수 없다. 뉴턴의 결정론적 세계관에 따르면 사물은 1:1로만 작용한다. 하나의 원인은 하나의 결과만 가져올 뿐 복수의 결과를 초래할 수 없다. 하얀 당구공에 맞은 빨간 당구공은 힘을 전달받은 한쪽 방향으로만 움직일 뿐 두 곳으로 동시에 움직일 수는 없다.

양자역학은 이러한 결정론을 무너뜨렸다. 양자역학에 따르면 물질은 그 존재의 위치와 운동량이 결정되어 있는 것이 아니라 확률로써 공간에 흩뿌려져 있다. 특정 시점에 특정인의 눈으로 관찰되기 전까지는 존재의 모습을 정확하게 알 수 없다.

고대 그리스의 과학철학자인 데모크리토스의 말처럼 우주는 물질의 최소단위인 원자들이 무한히 춤을 추는 댄싱장이다. 만물은 원자의 운동과 조합이 무작위로 우연히 만들어낸 부산물일 뿐이다. 그것에는 목적도 지향성도 없다. 비결정성, 우연성이 세상과 우주 만물의 궁극적인 존재방식이며 짜임이고 실재이다.

막스 플랑크가 전자의 무작위적 행동을 처음으로 발견했고, 닐스 보어는 양자 도약Quantum Leap이라는 가설로 이를 입증했다. 원자핵 주위를 띄엄띄엄 돌고 있는 전자는 한 궤도에서 다른 궤도로 이동할 때 그 사이의 공간에 존재하지 않으면서 지나간다. 덕수궁 돌담길 낙엽 속의 전자가 브루클린 다리 위 돌멩이 속에서도 동시에 발견될 수 있는 것은 닐스 보어가 말하는 양자도약 때문이다.

전자의 또 다른 특징은 불확정성이다. 하이젠베르크에 따르면 전자의 위치와 운동량은 두 속성을 동시에 정확하게 알 수가 없다. 측정하는 순간 교란이 일어나기 때문이다. 위치나 운동량 중 어느 한 쪽을 줄이면 한 쪽은 늘어난다. 위치가 정확해지면 운동량이 부정확해지고 운동량이 정확해지면 위치가 부정확해진다. 이른 바 불확정성의 원리다.

장자의 세계관은 양자역학의 세계관과 정확하게 일치한다. 장자에 따르면 딱 부러지게 하나로 결정되어 있는 사물은 존재하지 않는다. 만물은 끊임없는 변화의 과정에 놓여 있으며 서로의 원인인 동시에 결과이다. 낙엽은 돌멩이의 원인인 동시에 결과이며, 돌멩이는 낙엽의 원인이면서 결과이다.

이러한 인식을 우주로 확장하면 낙엽이 곧 돌멩이이다. 작은 입자인 전자뿐만 아니라 전자의 덩어리인 사물 그 자체가 동시성을 갖는 존재인 것이다. 〈제물론〉편에서 장자는 이렇게 말한다.

저것은 이것에서 생기고 이것은 저것에서 생긴다. 만물은 저것이 아닌 것이 없고 이것이 아닌 것이 없다. 이것이 곧 저것이고 저것이 곧 이것이다.

彼出於是 是亦因彼 物無非彼 物無非是 是亦彼也 彼亦是也

— 〈장자〉 제물론 편

장자는 생활세계에서 관찰할 수 있는 다양한 사물들을 끌어들여 이러한 양자역학적 인식론을 보다 더 구체적으로 드러낸다.

동곽자라는 사람이 장자에게 물었다.

"이른 바 도道라는 것은 어디에 있습니까?"

장자가 말했다.

"없는 곳이 없습니다. 만물 어느 곳이든 도가 존재합니다."

동곽자가 다시 물었다.

"좀 더 구체적으로 말씀해 주시지요."

장자가 다시 말했다.

"땅강아지나 개미에게 있소이다."

"어찌 그리 낮고 미천한 것에 있을 수 있습니까?"

"돌피나 피에도 있소이다."

"어찌 그리 점점 더 아래로 가십니까?"

"기왓장이나 벽돌에도 있소이다."

"도통 알 수 없는 말씀을 하시는군요."

"똥이나 오줌에도 있소이다."

— 〈장자〉 지북유 편

앞 우화에 나오는 도道를 양자역학적으로 표현하면 전자나 원자, 양자, 미립자 등으로 바꿀 수 있다. 사물을 구성하는 기본 단위(원리)인 전자나 도는 특정 사물에 고정적으로 존재하는 것이 아니라 만물에 무차별적, 확률적으로 존재한다. 낙엽 속의 전자나 돌멩이 속의 전자는 기왓장 속의 도나 똥오줌 속의 도와 존재 형태나 존재양식 면에서 동일한 구조를 갖는다. 전자나 도 둘 다 정해진 존재의 이유나 목적은 없다. 그저 우연히 존재할 뿐이다. 존재의 우연적 속성을 장자는 다음과 같이 부연 설명한다.

도란 원래부터 존재하는 것이 아니라 형하는 가운데서 만들어지는 것이다. 사물도 말을 하다 보니 존재하게 된 것이다. 어째서 그렇게 되는가? 그렇게 하다 보니 그렇게 된 것이다. 어째서 그렇지 않게 되는가? 그렇지 않다 보니 그렇지 않게 된 것이다.

道行之而成 物謂之而然 惡乎然 然於然 惡乎不然 不然於
不然

—〈장자〉 제물론 편

주역의 세계관도 양자역학의 세계관과 일치한다. 주역에서는 음과 양이라는 두 개의 서로 대립되는 에너지(기운) 덩어리를 기초로 만물의 존재양식과 변화를 설명한다.

142

양은 팽창하려는 속성을 가진 에너지 형태이고 음은 이러한 양의 기운을 수축시켜 균형을 맞추려는 에너지의 또 다른 존재양식이다. 음양은 2진법 체계에 따라 존재의 네 가지 기본 속성인 사상四象 '태양, 태음, 소양, 소음'으로 확장되기도 하고, 만물의 여덟 가지 존재 양태인 팔괘八卦 '하늘, 땅, 물, 불, 바람, 벼락, 연못, 산'으로 확장되기도 한다. 중요한 것은 음양이나 사상, 팔괘가 고정되어 있지 않다는 것이다. 이들은 서로에게 상보적으로 영향을 미치며 그러한 상호작용 속에서 우주 만물은 생성, 소멸, 변화, 발전을 되풀이한다.

양자역학의 아버지로 불리는 닐스 보어는 1937년 중국을 방문한 자리에서 태극문양을 보고 동양의 직관적 사고에 감탄했다. 그리고 1947년 덴마크 정부가 그에게 귀족 작위를 내렸을 때 예복 중앙에 태극문양을 그린 후 그 주변에 둥글게 다음과 같은 문구를 새겨 넣었다. CONTRARIA SUNT COMPLEMENTA. "대립물들은 상호보완적"이라는 뜻을 가진 라틴어다.

물질의 최소 단위인 원자를 둘러싼 전자의 운동을 기술하는 학문이 양자역학이다. 아인슈타인은 "신은 주사위 놀이를 하지 않는다"라며 사물이 확률적으로 존재한다는 양자역학의 믿음을 부인했다. 그러나 아인슈타인 사후에 진행된 다양한 실험들은 아인슈타인의 생각이 틀렸음을 속속 입증하고 있다. 사물의 상보성, 이중성, 불확정성은 부인할 수 없는 우주 만물의 실재이다.

양자역학이 바꾸어놓을 변화는 상상을 초월한다. 양자역학의 이론 자체가 상식을 뛰어넘기 때문에 그것이 미치는 파장은 짐작조차 하기 어렵다. 그러나 한 가지 확실한 것은 양자역학이 지배하는 세상이 점점 가까이 다가오고 있다는 사실이다. 구글Google이 공언하고 있는 것처럼 양자역학을 적용한 양자컴퓨터가 상용화될 날은 그리 멀지 않다. 9개와 22개의 큐비트Qbit, Quantum bit를 가진 양자컴퓨터를 구글이 이미 개발했다는 이야기도 들린다.

양자컴퓨터가 현실화되면 연산속도나 데이터 저장 능력 등에서 슈퍼컴퓨터를 수천 배 능가하는 컴퓨터가 탄생하게 된다. 그에 따라 기존의 정치, 경제, 금융, 보안, 의학 등의 패러다임이 송두리째 바뀌게 된다. 이론적으로 볼 때 양자 비트의 수가 300개를 돌파하면 온 우주에 존재하는 원자의 수보다 더 많은 양의 정보를 처리할 수 있게 된다. 신의 영역에 도달한 호모 데우스. 유발 하라리의 예측은 단순한 예측만으로 끝나지 않을지 모른다. 적극적으로 대비하는 자만이 제2의 천지창조에 버금가는 엄청난 쓰나미에 휩쓸리지 않을 수 있다.

잘 노는 사람이 일도 잘한다
조삼모사(朝三暮四) 우화, 일과 휴식의 경계를 말하다.

칼 마르크스의 〈자본론〉에는 런던 근교 공장에서 일하는 나이 어린 소녀들에 대한 르포가 실감 나게 그려져 있다.

열두 살에서 열여섯 살 정도의 어린 소녀들은 우중충한 공장의 방적기 앞에 앉아서 하루 14시간씩 고된 노동에 시달린다. 소녀들은 허리도 한 번 제대로 펴지 못한다. 요즘처럼 초코파이가 간식으로 나오는 일도 없다. 마르크스는 열악한 노동조건 가운데서도 14시간이라는 과도한 노동시간에 주목했다.

1894년 9월 28일, 영국 런던 세인트 마틴 홀에서 마르크스와 엥겔스의 주도로 열린 제1차 인터내셔널(국제노동자협회)의 가장 주요한 의제는 '1일 8시간 노동'이었다. 산업혁명 이후 서구사회는 생산의 주체인 노동자들의 근로시간을 주 40시간으로 단축시키는 것을 목표로 경제의 패러다임을 조정해 왔다.

최근 들어 프랑스를 비롯한 몇몇 국가들은 그것도 많다며 주 35시간으로 노동시간을 줄였다. 하지만 자연스럽지 않았던지 다시 주 40시간 노동으로 리턴하고 있다. 한국은 1997년 대통령선거에서 DJ가 공약으로 내세운 후 주 40시간 노동에 대한 논의가 본격화되었으며, 노사정위원회에서의 격론 끝에 2004년 7월부터 단계적으로 시행되었다. 금융기관과 대기업이 스타트를 끊었고, 이후 중소기업과 공무원, 교사들로 확대되어 2011년 마침내 일주일의 7일 가운데 5일은 일하고 이틀을 쉬는 '주 40시간 노동'이 모든 부문으로 확대되었다. 금요일이 주말의 시작이 되었으며, 토요일은 반공일이 아니라 온공일이 되었다.

제도 도입 초기에는 갑자기 늘어난 '노는 날'을 어떻게 활용해야 할지 몰라 어색해하는 사람들이 많았지만 차츰 다양한 여가 문화가 정착되고 있다.

하지만 여전히 그늘은 존재한다. 신자유주의의 파고가 노동 현장을 덮치면서 많은 사람들에게 40시간 노동은 그림의 떡이 되고 말았으며, 토요일, 일요일은 완전히 노는 날이 아니라 파트타임이나 알바로 부족한 생활비를 보충해야 하는 잠깐잠깐 쉬는 날이 되었다. 투 잡스two jobs도 모자라 쓰리 잡스three jobs가 등장했다. 울리히 백Ulrich Beck이 〈위험사회〉에서 말하는 이른바 '노동의 브라질화' 현상(일자리를 구하려는 사람들이 노동의 질에 상관하지 않고 노매드처럼 이리저리 옮겨 다니면서 아무 일이나 하려는 현상)이 갈수록 심화되고 있으며, 그 결과 우리나라는 멕시코에 이어 세계에서 두 번째로 긴 노동시간을 기록하고 있다.

OECD가 발표한 일과 삶의 균형(워라밸, work and life balance) 지수를 보면 1위인 네덜란드가 9.3, 2위인 덴마크가 9.0인데 비해 우리나라는 4.7로 조사대상 국가 38개국 중 35위를 차지했다. 1인당 국민소득 3만 불을 바라보는 선진국으로서 부끄러운 수준이 아닐 수 없다. 문재인 정부가 연장근로를 포함한 노동시간을 주 52시간으로 제한하기로 한 것은 이런 오명을 씻기 위한 조치이다.

산업화 시대의 주역이었던 386세대는 일중독 세대였다. 그들에게는 쉬는 것이 불편했으며 일하는 것이 자연스러웠다. 그러나 4차 산업혁명 시대의 주역으로 부상하고 있는 1934세대(밀레니얼 세대)에게 이러한 삶의 패러다임은 거꾸로 바뀌고 있다. 이들은 일보다는 가정, 개인의 성취를 더 중요하게 생각한다. 업무가 과중해 일상의 삶을 포기해야 할 경우에는 미련 없이 직장을 떠난다. 1934세대의 64.4%는 돈을 덜 벌더라도 시간적 여유가 있는 삶을 원한다는 조사 통계도 있다.

장자는 휴식의 중요성을 이렇게 일깨운다.

일을 너무 많이 하고 쉬지 않으면 육체는 피폐해지고 정신의 에너지는 고갈된다.

·

147

形勞而不休則弊 精用而不己則勞 勞則竭

— 〈장자〉 각의 편

원문에 나오는 폐弊와 갈竭을 현대식 용어로 바꾸면 번 아웃burn out이 된다. 일에 중독된 현대인들은 누구나 번 아웃의 위험에 노출되어 있다.

4차 산업혁명 시대에는 그 어느 때보다 창의성이 중요하다. 인공지능과 경쟁해서 자신의 일자리를 빼앗기지 않기 위해서는 기존의 관습적 사고에서 벗어나 새로운 각도로 일을 구상하고 추진해야 한다. 심리학자들은 창의적이 되기 위해서는 잘 쉬어야 한다고 말한다.

김정운의 〈노는 만큼 성공한다〉는 책 서문에 나오는 다음 이야기가 이를 잘 설명해 준다.

두 농부가 있었다. 수확 철이 되어 두 농부는 함께 벼를 벴다. 한 농부는 쉬지 않고 벼를 벴고, 또 다른 농부는 중간중간 논두렁에서 쉬었다. 그런데 일이 끝난 후 보니 쉬지 않고 일한 농부보다 쉬어가면서 일을 한 농부의 수확량이 더 많았다. 쉬지 않고 일한 농부가 물었다.

"아니 쉬지 않고 일한 나보다 자네 수확량이 더 많다니 이게 어찌 된 건가?"

그러자 쉬면서 일한 농부는 이렇게 말했다.

"쉬는 동안 나는 낫을 갈았다네."

그렇다고 휴식을 무작정 늘리는 것이 능사는 아니다. 쉬는 시간을 자꾸 늘리다 보면 기업이 견딜 수 없게 된다. 개인의 행복과 기업의 생산성이라는 두 마리 토끼를 다 잡기 위해서는 일과 여가의 균형을 맞추는 워라밸이 가장 현실적인 대안이다.

장자에 나오는 조삼모사朝三暮四라는 우화를 통해 워라밸의 의미를 톺아보자.

송나라에 저공이라는 사람이 있었는데 그의 직업은 원숭이를 기르는 일이었다. 원숭이들의 주식은 도토리였다. 저공은 매일 일곱 개의 도토리를 원숭이들에게 아침저녁 두 번씩 나누어 주었다. 어느 날 저공이 원숭이들에게 이렇게 말했다.

"오늘부터는 도토리를 아침에 세 개, 저녁에 네 개씩 주겠다."

그러자 원숭이들이 불같이 화를 내면서 반발했다.

"무슨 소리예요? 말도 안 돼."

이에 저공은 수정 제안을 했다.

"그래 좋다. 그러면 아침에 네 개, 저녁에 세 개씩 주겠다."

그러자 원숭이들은 환호성을 지르면서 좋아했다.

—〈장자〉 제물론 편

조삼모사는 잔꾀를 써서 상대를 현혹시키는 것을 일컫는 사자성어로 사용되지만 장자의 참된 가르침은 그게 아니다. 이어지는 우화에서 장자는 이렇게 말한다.

이름과 실제가 훼손되지 않았는데 기쁨과 노여움이 번갈아 나타나는 것은 시시비비를 가리고자 하는 마음으로 어느 한 쪽에 치우치기 때문이다. 성인은 조화롭게 함으로써 자연의 이치에 맞는 하늘의 균형점에서 쉴따름이니 이를 일러 양행이라고 한다.

名實未虧 而喜怒為用 亦因是也 是以聖人和之以是非 而休乎天鈞 是之謂兩行

―〈장자〉 제물론 편

하루 24시간 가운데 8시간은 일하고, 8시간은 여가를 즐기고, 8시간은 잠을 자는 것이 가장 건강하고 이상적인 일상이다. 이것은 무슨 이론으로 설명할 수 있는 법칙이라기보다 수천 년 간 인류의 역사에서 입증된 경험칙이다.

8:8:8의 지점에서 균형을 이루는 것이 위 우화에서 장자가 말하는 천균天均, 즉 하늘에서 정한 가장 자연스러운 삶의 패턴이다. 일곱 개라는 도토리의 총량이 변하지 않는 것처럼 하루 24시간은 변하지 않는다. 일하는 시간을 늘려 보너스를 더 받으려는 것은 저

녁에 먹을 도토리 한 개를 아침에 당겨서 먹는 것과 같다. 그 한 개의 도토리는 일견 달콤해 보인다. 하지만 삶의 전체적인 모습에서 보면 저녁에 먹을 도토리를 희생함으로써 얻는 일시적인 만족에 지나지 않는다. 여가 시간과 잠자는 시간을 줄여 하루에 열 시간, 열두 시간씩 일하는 것은 자연의 이치를 거스르는 것이다.

프랑스 정부가 주 40시간 노동을 35시간으로 줄인 것도 천균의 관점에서 보면 밸런스를 깨는 것이다. 일을 과도하게 많이 하는 워크홀릭workholic은 개인과 가정의 행복을 파괴할 수 있으며, 일을 너무 적게 하는 라이프홀릭lifeholic은 공동체의 존립을 파괴할 수 있다. 우화의 가르침처럼 일과 여가, 어느 한쪽에도 치우치지 않고 양쪽兩行을 균형 있게 유지天均하는 워라밸이 최선의 삶이다.

4차 산업혁명 시대를 잘 통과하기 위해서는 기업에도 워라밸 경영이 필수적이다. 워라밸 세대의 삶의 패턴을 제대로 이해하지 못하는 기업은 더 이상 우수한 인재를 유치하기 어렵다. 높은 연봉과 보너스, 승진 기회를 가지고 인재를 유치하던 시대는 지났다. 일과 가족의 균형, 일과 여가의 균형을 통해 회사와 개인이 함께 성장할 수 있는 워라밸 문화를 갖춘 기업만이 인재들의 선택을 받을 수 있다.

왼쪽이 있으니 오른쪽이 있다
경계를 차이로 만드는 도그마

경계는 차이를 만든다. 경계가 만들어내는 차이는 사소해 보이지만 큰 위력을 발휘한다. 작은 물결 하나가 큰 파도를 생성시키듯이 작은 차이 하나가 인간 사회를 갈등과 분열로 내몬다. 전쟁과 같은 참화도 그 기원을 캐다 보면 작은 차이 하나에서 비롯되는 경우가 많다. 그런데 과연 차이는 본질적인가? 무지개를 예로 들어보자.

사람의 눈에 지각되는 무지개의 색깔은 일곱 가지다. 빨주노초파남보가 그것이다. 하지만 과학적으로 볼 때 무지개의 색깔은 삼십만 가지가 넘는다. 빨간색과 주황색, 주황색과 노란색, 노란색과 초록색 사이에는 무수히 많은 색깔이 존재한다. 더 세밀하게 관찰하면 그보다 훨씬 더 많다. 인간이 신의 눈을 가질 수 있다면 그 가지 수는 무한대로 수렴할 것이다. 우주 공간에서 똑같은 색깔을 가진 입자는 하나도 없다. 모두 다르다. 하지만 경험의 세계에서는 수십만 가지의 차이가 단 일곱 가지의 차이로 좁혀진다. 일곱 개를 제외한 나머지는 모두 같은 것으로 지각된다.

이처럼 인간이 지각하는 차이란 우주로 시야를 넓힐 때 별것 아닌 것이 된다. 본질적이지 않다는 의미다. 하지만 대부분의 사람들은 거꾸로 인식한다. 뚜렷하게 구분되는 일곱 가지에만 눈을 고정시킨 채 그 사이에 존재하는 다양한 차원들을 인식의 틀에서 모두 배제시켜 버린다. 그래서 일곱 가지의 차이를 화해할 수 없는 본질적인 것으로 인식한다.

경계가 만들어내는 차이를 본질적인 것으로 인식하는 단견들이 세상의 평화를 해치는 주범이다. '너는 나와 근본적으로 다르다'는 생각으로 차이의 틈새를 벌리다 보면 궁극에 가서는 '너와 나는 같은 하늘 아래서 살 수 없다'는 식의 과격하고 급진적인 이념, 도그마가 되어버린다. 사람과 사람, 공동체와 공동체 사이의 갈등과 분쟁, 다툼은 그렇게 시작되는 것이다. 무지개의 빨간색과 주황색 사이에 존재해서 무시해도 되는 그런 사소한 차이들이 쌓여서 거대한 벽이 만들어지고, 그 벽을 사이에 두고 인간은 서로 으르렁거리는 것이다.

기독교와 이슬람이라는 두 종교, 기독교권과 이슬람권이라는 두 문명 사이에 가로놓인 벽도 역사적으로 연원을 찾아가 보면 그러한 차이에서 비롯된 것이다. 기독교와 이슬람은 한 뿌리에서 출발한 종교다. 예수를 시조로 받드는 기독교나 무함마드를 시조로 받드는 이슬람 모두 아브라함을 자신들의 공통된 조상으로 여긴다. 이들은 대동맥과 같은 큰 혈관 줄기를 공유하면서도 아주 작은 실핏줄에서 갈려 서로를 배척하고 있는 셈이다.

예수와 무함마드가 살아서 활동하던 초기 기독교와 초기 이슬람 세계에서는 두 종교의 이념적 차이를 거의 발견할 수 없다. 예수의 언행과 행적을 기록한 4대 복음서(마태, 마가, 누가, 요한복음)와 무함마드가 알라신에게서 받은 계시를 기록한 코란은 그 지향성에서 아무런 차이가 없다. 사랑과 평화, 정의라는 세 단어로 요약되는 종교적 이념에서 기독교와 이슬람 사이에는 아무런 경계가 없다. 예수는 '네 이웃을 네 몸처럼 사랑하라'고 가르쳤고, 이슬람Islam이라는 단어는 '평화'를 뜻하는 아랍어 살람salam에 그 뿌리를 두고 있다.

이슬람의 전통에 따르면 이 세상에는 무한성을 상징하는 숫자인 12만 4천 명에 달하는 예언자들이 존재했다. 이 모든 예언자들은 각각 그들의 민족에게 신의 영감을 받은 메시지를 설파했다. 그들이 전한 메시지는 형식적 측면에서는 서로 달랐지만 근본적인 내용에서는 동일했다. 무함마드가 아랍인들에게 전파한 메시지는 예언자 아브라함, 모세, 다윗, 솔로몬, 예수가 유대 민족에게 전파한 메시지와 동일하다는 것이 코란의 기록이다.

기독교 문명권인 서구 세계에서는 이슬람을 과격한 폭력세력과 동일시하는 경향이 있지만 이슬람의 역사를 탐색해보면 이슬람이 기독교보다 더 폭력적이었다는 객관적인 증거가 발견되지 않는다는 것이 학자들의 대체적인 견해이다. 무함마드 사후에 진행된 이슬람 제국의 확장 과정에서 무차별적이고 무자비한 폭력이 동원되었다는 주장은 설득력이 떨어진다. 이슬람이 짧은 기간 내에 세력권을 넓힐 수 있었던 배경에는 비잔틴과 북아프리카 그리스 정교 문화권의 종교적 불관용 정책이 자리 잡고 있었다. 이슬람은 그 지역에서 이반된 민심의 틈을 적절히 파고들었으며 그런 사회적 요인이 빠른 포교와 세력 확장을 가능하게 했던 것이다.

새로운 이슬람 제국 내에서 유대인, 기독교인, 조로아스터교인 등 보호받는 딤미Dhimmi(신민)가 되면 무슬림은 어떤 식으로든 그들을 약탈하거나 공격할 수 없었다. 그들은 인두세를 지불하는 대신 자신들의 종교적 신념을 유지할 수 있었다. 그래서 그리스 정교에서 이단자로 취급당하고 핍박을 받던 일부 기독교인들은 비잔틴 제국의 통치보다 이슬람 제국의 통치를 훨씬 더 선호했다고 한다.

차이에 따른 다양성을 인정하는 이러한 이슬람의 관용성은 그 후에 설립된 무굴제국이나 오스만제국에도 그대로 계승되었다. 무굴제국의 통치자였던 아크바르는 그의 신민들을 박해하거나 개종을 강요하지 않았다. 제국 내의 힌두교 카스트들은 그들의 종교

관습을 그대로 유지했고, 불교도, 유대교, 기독교, 조로아스터 교도들도 종교의 자유를 누렸다. 아크바르는 모든 신앙을 존중했기 때문에 힌두교 사원을 신축했고, '예배의 집'을 지어 모든 종교 학자들이 모여 자유롭게 토론할 수 있도록 했다. 아크바르의 손자 샤 자한도 이러한 정책을 계승했다. 그 시절 지어진 타지마할 묘는 이슬람 양식과 힌두 양식을 혼합한 건축물로 종교적 융합정책을 상징적으로 보여준다.

오스만 제국도 마찬가지였다. 제국을 통치하던 술탄은 백성들에게 획일성을 강요하지 않았으며 차이 나는 것들을 인위적으로 묶으려 하지도 않았다. 정부는 기독교도, 유대인, 투르크인, 베르베르인, 상인, 이슬람 성직자 등 서로 다른 그룹들이 그들의 신앙과 관습에 따라 평화롭게 살 수 있도록 했다.

산업혁명에 성공한 서구 기독교 문명권이 제국주의적 팽창정책을 시작하면서 이슬람에 대한 서구의 인식은 부정적으로 변해갔다. 식민주의자들은 무슬림을 경멸했다. 서구인들은 근대화에 뒤처진 이슬람권을 비효율적이고, 게으르고, 부패한 집단으로 매도하기 시작했다. 그리고 그 반작용으로 이슬람도 서구를 적대시하기 시작했다. 그 결과 기독교와 이슬람의 차이는 크게 벌어졌고, 이후 탈레반과 같은 과격한 근본주의자들이 세력을 확장하고 지구촌 곳곳에서 테러를 감행하면서 두 문명은 화해할 수 없는 강을 건너고 말았다.

현대 철학자 들뢰즈는 이러한 차이의 의미를 색다른 시선으로 들여다본다. 들뢰즈에 따르면 사람들은 이항적 대립 개념 속에서 존재를 파악한다. 그래서 차이 나는 존재의 결, 특수성을 두 가지 대립 개념 안에 가두어 포착한다. 대립은 차이를 '본질적으로 다른 것'으로 만들어 버리고 서로를 배제시킨다. 존재들 간에 진정한 화해가 불가능한 것은 그때문이다. 기독교와 이슬람의 갈등과 반목, 질시도 그렇게 설명할 수 있다.

무지개에서 일곱 가지 색 외에 다양한 색들을 볼 수 있을 때 차이는 본질적으로 다른 것이 아니라 서로 화해할 수 있는 포용적 존재가 된다. 빨강과 주황은 그 경계선 안에 존재하는 수많은 '빨강 주황'이라는 색깔들을 품고 있다. 그들은 대립물이 아니라 등가적 교환이 가능한 현상적 타자일 뿐이다. 사물을 창조적으로 본다는 것은 차이가 가지고 있는 그러한 섬세함을 포착해서 화해시키고 궁극적으로 융합시킬 줄 아는 미적 감각을 가지고 있다는 말과 같은 뜻이다. 그런 점에서 프랑스의 인상파 화가 클로드 모네는 탁월한 예술가다.

모네는 30년간 집 근처 연못에 서식하는 수련睡蓮을 그렸다. 같은 수련을 그렸지만 그의 작품들은 조금씩 차이가 난다. 아침에 그린 수련과 저녁에 그린 수련이 다르고, 비 오는 날 그린 수련과 맑은 날 그린 수련이 다르다. 모네의 수련 연작은 무지개와 같다. 수없이 많은 변주들이 그 속에 있다. 하지만 그들은 본질적으로 차이 나지 않는다. 모네의 눈에 비친 수련은 모두가 다르게 포착되었지만 그가 화폭에 담은 것은 모두 수련이라는 같은 존재이다. 모네의 수련은 차이의 미학을 구현하면서도 존재론적으로 서로 화해하고 있는 동일자이다. 이러한 인식에 기반하면 차이는 아름다운 것이 되고, 주체적이고 독립된 힘을 갖게 된다.

장자는 경계와 차이의 의미를 다음과 같이 풀이한다.

도는 처음부터 경계가 없고 말은 처음부터 한결같음이 없는데 구분하여 헤아리는 생각 때문에 경계가 있게 되었다. 시험 삼아 그 경계를 말해보자. 왼쪽이 있고 오른쪽이 있으며, 이치가 있고 마땅함이 있으며, 나눔이 있고 구별이 있으며, 경쟁이 있고 다툼이 있다. 나눈다는 것은 나누지 못하는 것이 있고, 구별한다는 것은 구별하지 못하는 것이 있다는 뜻이다. 성인은 이것을 가슴에 품지만 범인은 구별하여 상대에게 보인다. 그러므로 구별한다는 것은 보지 못하는 것이 있는 것이다.

夫道未始有封 言未始有常 爲是而有畛也 請言其畛 有左 有右 有倫 有義 有分 有辯 有競 有爭 分也者 有不分也 辯也者 有不辯也 聖人懷之 衆人辯之以相示也 故曰 辯也者 有 不見也

—〈장자〉 제물론 편

158

세상은 차이로 존재한다. 1이라는 숫자만 있으면 수학이라는 학문이 성립될 수 없듯이 동일자들만 있으면 세상은 존립 자체가 불가능하다. 장자의 말처럼 오른쪽이 있으면 왼쪽이 있고, 남자가 있으면 여자가 있고, 무거운 것이 있으면 가벼운 것도 있다. 문제는 그러한 차이를 구별하여 상대를 압박하는 태도이다.

장자는 그러한 범인들의 셈법 때문에 다툼이 일어난다고 보고, 성인처럼 가슴에 품으라고 주문한다. 그리고 장자는 존재들 간의 그러한 차이가 비본질적이라며 차이 나는 것을 차이 나는 대로 인정하는 것이 평화롭게 사는 지름길이라고 말한다.

다르다는 점에서 보면 간과 쓸개도 초나라와 월나라의 거리지만 같다는 점에서 보면 만물은 모두 하나이다.

自其異者視之 肝膽楚越也 自其同者視之 萬物皆一也

— 〈장자〉 덕충부편

물오리의 다리가 비록 짧지만 그것을 길게 이으면 걱정하고, 학의 다리가 비록 길지만 그것을 짧게 자르면 슬퍼한다. 그러므로 타고난 바가 긴 것은 자를 것이 아니고, 타고난 바가 짧은 것은 이을 것이 아니다.

是故鳧脛雖短 續之則憂 鶴脛雖長 斷之則悲 故性長非所斷 性短非所續

— 〈장자〉 변무 편

·

기독교와 이슬람의 궁극적 화해도 장자가 말하는 방식으로 차이에 대한 인식의 전환이 전제될 때 가능해진다. 기독교와 이슬람은 한 뿌리에서 나왔기 때문에 같다는 점에서 보면 하나이다. 비본질적인 사소한 차이에 얽매여 서로가 서로를 향해 '네 다리가 짧으니 길게 이으라'거나 '네 다리가 기니 짧게 자르라'고 말하면 화해는 불가능해진다.

차이에 대한 그러한 극적인 인식의 전환이 이루어질 때 비로소 함민복 시인이 말한 것처럼 경계에서는 꽃이 필 것이다. 그리고 그때 피는 꽃은 연꽃처럼 눈부시게 아름다울 것이다.

나는 모른다, 나는 모른다
꼰대와 선배의 경계, "내가 해봐서 다 안다."

유발 하라리는 4차 산업혁명 시대를 대표하는 최고의 문제적 지식인 중 한 사람이다. 그의 대표작인 〈사피엔스〉와 〈호모 데우스〉의 골간을 지탱하고 있는 사상적 기반은 다윈의 진화론이다. 신God을 뜻하는 그리스어 데우스Deus를 책 제목에 사용하고 있지만 초월적 존재인 신神이 아니라 호모 사피엔스에서 진화한 신新 인류를 가리키는 말이다.

7만 년 전까지만 해도 인간은 다른 동물과 구별이 안 되는 평범한 존재였다. 신체적 여건으로만 보면 사자나 코끼리, 하마와 같은 덩치 큰 동물들보다 생존경쟁에서 불리했다. 그랬던 인간이 다른 종種들을 모두 제압하고 그들 위에 군림할 수 있게 되었다.

그 이유를 유발 하라리의 〈사피엔스〉와 〈호모 데우스〉는 문명사적인 관점에서 답을 추적하고 있다. 그가 제시하는 몇 가지 답 가운데 가장 눈에 띄는 대목이 혁신이라는 키워드이다.

한때 호모 사피엔스와 주도권을 놓고 경쟁했던 네안데르탈인과 비교하면 쉽게 이해된다. 네안데르탈인은 혁신에 실패했다. 네안데르탈인이 사용했던 도구는 그들이 문명사에 등장했던 10만 년 전이나 그 무대에서 퇴출되었던 4만 년 전이나 변한 것이 없었다. 투박한 돌도끼 수준의 도구는 전혀 진전된 게 없었다. 네안데르탈인은 6만 년 동안 제자리걸음을 했다.

이에 비해 호모 사피엔스는 뛰어난 혁신 능력을 선보였다. 사냥감을 포획하기 위해 호모 사피엔스가 이용한 도구는 뾰족한 돌도끼, 작살, 창, 낚싯바늘 등으로 품종이 다양화되었으며 성능도 계속 업그레이드되었다. 호모 사피엔스의 혁신 능력은 농업혁명, 문자의 발견으로 이어졌고, 근대과학혁명으로 그 정점을 찍었다. 유발 하라리는 근대과학혁명을 무지無知의 혁명이라고 표현한다. '나는 아무것도 모른다'는 인간의 고백이 바로 근대과학혁명을 탄생시킨 원동력이라고 말한다.

뉴턴이 우주의 이치를 알았더라면, 다윈이 생명의 기원을 알았더라면 근대과학혁명은 태어나지 못했다. 몰랐기 때문에 그들은 관찰했고, 탐험했다. 장자의 혁신적 사고도 무지에서 출발한다. 응제왕편의 다음 우화를 보자.

어느 날 설결이 세상사의 이치에 대해 왕예에게 물었다. 왕예는 모른다고 답했다. 설결은 또다시 물었다. 이번에도 왕예는 모른다고 답했다. 설결은 세 번, 네 번 거듭해서 물었다. 그렇지만 왕예는 여전히 모른다고 말했다. 왕예의 대답을 들은 후 설결은 크게 기뻐했다.

齧缺問於王倪 四問而四不知 齧缺因躍而大喜

— 〈장자〉 응제왕 편

설결이 물었을 때 왕예가 주저리주저리 대답을 했더라면 설결은 크게 기뻐하지大喜 않았을 것이다. 오히려 '아는 것이 병'이라며 핀잔을 주었을 지도 모른다. 유교에서 말하는 인의仁義나 예지禮智 따위의 기성적 지식을 들먹이면서 자신을 과시하는 행위는 혁신에 아무런 도움이 되지 않는다는 것이 장자의 생각이다.

장자는 세상 이치를 다 아는 것처럼 자신의 지식을 자랑하는 것을 '모기로 하여금 산을 지게 하는 것使蚊負山'과 같은 어리석은 행동이라고 말한다. 그러면서 '지식이 자신의 주인 노릇을 하지 않게 하라無爲知主'고 경고한다.

사물의 본질뿐만 아니라 우주의 기원에 대해서도 장자는 기본적으로 모른다는 관점을 견지한다.

운장이 홍몽(우주 탄생 이전의 혼돈 상태를 의인화한 것)

·

163

에게 물었다. 홍몽은 '나는 모른다.' '나는 모른다'며 거듭 손사래를 쳤다.

雲將問鴻蒙 鴻蒙 曰 吾弗知 吾弗知

—〈장자〉재유 편

왕예나 홍몽은 〈장자〉의 우화 속에 등장하는 신인神人들 가운데 한 사람이다. 유발 하라리식 용어로 바꾸면 무지의 혁명을 선도한 전사들이다.

장자는 혁신의 아이콘이다. 상식을 뒤집는 혁신적 사고로 빅 데이터와 우주선에 해당하는 대붕大鵬을 창조했고, 쓸모없어 버림받았던 큰 박을 초호화 유람선으로 개조했다. 나비의 꿈으로 4차 산업혁명 시대의 융합혁명, 양자 혁명을 예견했고, 좌망坐忘 사상으로 캄테크가 만들어낼 미래의 낙원을 일찌감치 내다봤다. 장자를 혁신적으로 만든 건 유지有知가 아니라 무지無知였다. 우주의 신비를 몰랐기 때문에 대붕을 상상했고, 인간과 사물의 본질을 몰랐기 때문에 호접몽을 떠올렸다. 기성 지식에 얽매였더라면 큰 박의 용도변경이라는 신사고가 머리를 스쳐갈 수 없었을 것이다. 장자에게 좌망坐忘은 지식을 쌓기 위한 수양이 아니라 그것을 버리고 비우기 위한 수양이었다.

무지의 혁명은 4차 산업혁명 시대에도 적용된다. 유발 하라리는 호모 사피엔스에게 자신의 무지를 인정하고 머릿속에 든 지식과 정보를 모두 내려놓으라고 말한다. 그리고 데이터에게 최종적인 의사결정을 맡기라고 권유한다. 그렇게 무지를 인정하고 데이터를 종교처럼 신봉하면 신과 같은 수준의 인간, 즉 호모 데우스로 업그레이드될 것이라고 말한다. 미래의 인류는 데이터교를 떠받드는 호모 데우스와 자신을 믿는 기존의 호모 사피엔스로 분화된다는 것이 유발 하라리의 진단이다. 경쟁의 결과는 뻔하다. 유발 하라리는 영화 〈스타트렉〉의 데이터 소령을 예로 든다.

미지의 문명을 찾아 우주를 항해하는 엔터프라이즈호의 안전을 위해 가장 필요한 존재는 생물학적 인간인 커크 함장이 아니라 인공지능인 데이터 소령이다. 승무원들은 데이터 소령의 판단을 금과옥조처럼 믿고 따른다. 그의 존재감은 인간 승무원들의 존재감을 훌쩍 뛰어넘는다. 인간들은 데이터 소령을 분해해서 설계도를 면밀하게 검토한 후 그와 똑같은 사람(인공지능)을 하나 더 만들어야 한다고 아우성을 친다.

4차 산업혁명 시대에서 데이터는 인간의 종교이자, 우상이다. 유발 하라리의 주장에는 선뜻 동의하기 어려운 대목도 없지 않다. 하지만 4차 산업혁명의 도도한 흐름 속에 내재되어 있는 힘을 감안하면 그의 주장을 무작정 내치기도 어렵다. 아직은 제대로 알 수 없고 제대로 볼 수 없지만 데이터를 신으로 떠받들면서 사는 세상이 단순한 공상과학영화 속 이야기만은 아닐 수도 있을 것이다. 미래를 살아가는 호모 데우스들의 기도문 앞줄에는 '오 신이시여'가 아니라 '오 데이터시여'가 붙을 수도 있다.

4차 산업혁명 시대는 지식과 정보의 발견, 축적, 폐기 속도가 그어느 때보다 빨라진다. 양자컴퓨터가 상용화되면 그 속도가 번개처럼 빨라질 수도 있다. 이런 속도에 적응하려면 조직의 의사결정 패러다임을 혁신적으로 바꿔야 한다.

장자는 집단의 구성원들이 다 같이 무지하다는 전제에서 출발할 때 혁신이 가능하다며 의사결정 과정에서는 사고체계를 최대한 단순화시키라고 말한다.

> 너와 나, 우리들 모두가 모른다고 해야 참된 덕이 떠나지
> 않으니 이를 일러 단순 명쾌함이라 한다.
> 同乎無知 其德不離 是謂素樸
>
> — 〈장자〉 마제 편

모두의 무지無知에는 개개인의 신념과 생각을 내려놓는 행위뿐만 아니라 집단을 둘러싼 문화적, 학문적, 정치적 편견과 편향으로부터의 탈피도 포함된다. 조직을 이끄는 리더 가운데 가장 위험한 사람은 '옛날에 내가 해봐서 다 안다'며 조직원들의 말을 가로막고 나서는 꼰대 스타일의 리더다. 장자의 말처럼 나의 지식과견해, 신념을 모두 내려놓고 제로베이스로 만들어야 조직원들의혁신적 사고를 이끌어낼 수 있다.

많이 아는 것은 실패의 지름길이다.

多知爲敗

— 〈장자〉 재유 편

앞의 구절은 지식과 정보가 홍수를 이루는 4차 산업혁명 시대에 기업을 이끄는 CEO들이 각별히 새겨야 할 금언이다. 모래를 가득 채운 항아리에는 굵은 돌을 넣을 수 없듯이 자잘한 지식으로 가득 찬 머릿속에는 큰 생각이 들어올 수 없다.

잊어야 한다는 마음으로…
관습적 사고와 혁신적 사고의 경계, 잊어야 할 것은 잊어라.

지름이 1센티미터인 원 두 개가 나란히 놓여있는 평면을 상상해 보자. 두 원 사이의 간격은 3센티미터이다. 간격이 그다지 넓지 않으므로 두 원은 동시에 일별할 수 있으며, 정상 시각을 가진 사람의 눈으로 볼 때 두 원은 같은 크기로 지각된다.

만약 왼쪽 편 원의 둘레에 지름이 0.5센티미터인 원을 빙 둘러가면서 그려 넣고, 오른쪽 편 원의 둘레에는 지름이 2센티미터인 원을 그려놓을 경우 두 원의 크기는 어떻게 보일까? 이번에는 왼쪽 편의 원이 더 크게 보인다. 큰 원에 의해 둘러싸인 원보다 작은 원에 의해 둘러싸인 원이 상대적으로 더 크게 지각되는 것이다. 이것은 올바른 지각이 아니라 일종의 착시현상이다. 주변 환경이 변화됨에 따라 본질적인 원의 모습은 사라지고 본질과는 동떨어진 변형된 원이 인간의 시야에 새롭게 현상되는 것이다.

철학의 한 분파인 현상학은 이러한 점에 착안, 존재의 본질을 은폐하고 왜곡시키는 사회문화적 조건들을 찾아내서 심문한 후 존재가 가진 원래의 제 모습을 찾으려는 학문적 시도이다. 진리에서 멀어진 존재에 제자리를 찾아주는 방법은 뭘까? 현상학의 시조인 후설은 판단중지와 현상학적 환원이라는 두 가지 방법을 제시한다.

후설이 볼 때 존재의 본질을 왜곡시키는 가장 큰 요인은 경험주의와 실증주의를 금과옥조로 삼는 자연과학적 태도다. 개인의 경험에는 편차가 있으며 필연적으로 오류가 따른다. 경험을 기준으로 삼으면 어떠한 보편적 진리도 정초할 수 없다. 존재의 본질을 제대로 규명하기 위해서는 우선 기성적인 가치들, 관습적인 생각들, 이론들을 머릿속에서 싹 지워야 한다. 후설은 이를 판단중지 epoché라고 한다. 그런 후 이런 것들로부터 초연한 순수 주관성의 세계로 돌아가야 한다. (현상학적 환원) 그리고 그곳에서 선험적으로 주어진 순수한 자아-주체를 통해 의식과 지각의 본질을 규명하는 것이 현상학의 학문적 목표이다.

〈장자〉소요유 편에서는 존재의 본질, 진리의 본질을 진재眞宰라고 표현한다. 장자에 따르면 이러한 진재는 우리 가까이에 있다. 다만 우매한 인간들이 그것을 추구하는 방법론을 제대로 알지 못하거나 실마리를 찾지 못할 뿐이다.

참된 진리를 주관하는 실체가 존재한다. 그것은 우리 가까이에 있다. 하지만 인간들은 그 작동 방식을 알지 못할 뿐만 아니라 실마리조차 찾지 못하고 있다.

若有眞宰 是亦近矣 而不知所爲使 而特不得其眹

— 〈장자〉 소요유 편

장자는 제물론 편에 나오는 다음 우화를 통해 사람의 눈에 나타나는 현상(감각적 경험)은 존재의 본질과 다르다고 말한다.

꿈속에서 술을 마시던 사람이 아침에는 통곡을 하면서 운다. 꿈속에서 통곡을 하면서 울던 사람이 아침에는 즐거운 마음으로 사냥을 나가기도 한다. 꿈을 꾸고 있는 동안에는 그것이 꿈인 줄 모른다. 그러면서 꿈속에서 그 꿈이 길몽인지 흉몽인지 점을 치기도 한다. 꿈을 깨고 난 후에야 비로소 그것이 꿈인 것을 깨닫는다. 마찬가지 이치로 확고하게 진리를 깨우친 후에야 눈에 보이는 세계가 커다란 꿈에 지나지 않는다는 사실을 알게 된다. 어리석은 사람은 자신이 깨달음을 얻을 줄로 착각하고 잘난 체한다. 그러면서 '군주'니 '목동'이니 하면서 신분으로 사람을 구별하니 참으로 딱한 노릇이다. 공자와 그대는 모두 꿈을 꾸고 있는 것이다. 내가 그대에게 꿈이라고 말하는 것 또한 꿈이다. 이와 같은 말은 무척 기

.

170

이하게 들릴 것이다. 하지만 오랜 세월이 흐른 후 대성인을 만나서 그 의미를 깨우치게 되면 아침저녁으로 참된 진리를 만나게 될 것이다.

夢飲酒者 旦而哭泣 夢哭泣者 旦而田獵 方其夢也 不知其
夢也 夢之中又占其夢焉 覺而後知其夢也 且有大覺而後知
此其大夢也 而愚者自以爲覺 竊竊然知之 君乎 牧乎 固哉
丘也與女 皆夢也 予謂女夢 亦夢也 是其言也 其名爲弔詭
萬世之後而一遇大聖 知其解者 是旦暮遇之也

— 〈장자〉 제물론 편

우화의 화자話者는 장오자長梧子이고 청자聽者는 구작자瞿鵲子이다. 장오자는 장자를 의인화한 인물이고 구작자는 공자의 제자를 의인화한 인물이다. 장자는 꿈을 꾸는 주체를 공자와 그 제자로 설정함으로써 유교를 존재의 본질에서 벗어난 학문이라고 비판하고 있으며, 자신 또한 꿈을 꾸는 주체에 포함시킴으로써 현상적 존재의 비본질성을 일반화시키고 있다. 그러면서 장자는 이러한 비본질적인 존재의 모습을 망량罔兩(그림자의 그림자)이라고 부른다. 사물에 부가된 직접적인 그림자가 아니고 그림자의 그림자이니 존재의 본질에서 한참 벗어난 곁가지라는 의미다.

〈논리 연구〉라는 책에서 후설도 본질에서 벗어난 존재의 모습을 그림자에 비유하고 있다. 위 인용문에서 장자가 말하는 만세지

후의 대성인이 후설을 염두에 둔 것은 아닐 테지만 사물과 현상에 대한 두 사람의 진단은 정확하게 일치한다. 장자는 존재의 본질에 접근하려면 감각기관을 통한 지각을 중지하고 판명判明한 정신을 통해 진리를 추구해야 한다고 말한다.

눈으로 보지 말라. 감각기관을 통한 지각을 중단하고 순수한 정신으로 추구하라.

不以目視 官知止 이신욕행

—〈장자〉 양생주 편

止(지)는 후설이 말하는 판단중지와 같은 개념으로 볼 수 있고, 神(신)은 현상학에서 말하는 선험적 자아와 같은 개념으로 볼 수 있다. 제물론 편의 또 다른 우화를 보자. 남곽자기가 책상에 기대 앉아 하늘을 우러러보면서 긴 한숨을 내쉬는데 마치 자신의 육체를 잊은 듯했다. 곁에 있던 안성자유가 물었다.

"어찌 된 일입니까? 선생님의 육체는 죽은 나무槁木와 같고 마음은 불 꺼진 재死灰와 같습니다."

남곽자기가 말했다.

"네가 제대로 보았구나. 지금 나는 나를 잊었다."

—〈장자〉 제물론 편

한자에서 '나 오吾'는 객관적인 나를 뜻하고 '나 아我'는 주관적인 나를 뜻한다. '내[吾]가 나[我]를 잊었다'는 것은 보편적 진리, 존재의 본질에 다가가기 위해 주관적인 편견과 오류에서 자유로워졌다는 의미다.

4차 산업혁명의 시대정신은 혁신이다. 혁신을 제대로 하기 위해서는 먼저 본질적인 것과 비본질적인 것부터 구분해야 한다. 본질적인 것은 기업이 추구해야 하는 미래의 핵심가치이고 비본질적인 것은 혁신을 위해 버려야 하는 과거의 낡은 가치이다. 둘을 구분한 후 낡은 것을 끊어내는 것은 말처럼 쉽지 않다.

코닥은 필름 시장의 최강자였다. 일본 국내시장뿐만 아니라 글로벌 시장도 휩쓸었다. 한때 글로벌 시장점유율이 80%를 넘을 정도로 매출 규모가 컸으며 필름 하면 코닥, 코닥 하면 필름으로 통했다. 디지털 시대가 다가오자 코닥의 젊은 연구원들은 디지털 시대에도 살아남을 수 있는 기술 개발에 매진했다. 그리고 마침내 디지털 필름을 개발하는 데 성공했다. 이것을 제때 출시했더라면 코닥은 제2의 도약기를 맞을 수 있었다. 그러나 경영진이 오판했다. 혁신을 위한 본질적 가치는 디지털에 있었지만 경영진은 비본질적인 과거의 필름을 고집했다. 판단중지에 실패한 코닥은 혹독한 실패를 맛봐야 했다. 기업은 조직의 본질을 탐구하고 미래의 혁신 가치를 탐구하는 작업을 한시도 게을리해서는 안 된다.

미국 MIT 대학의 오토 샤머 교수는 본질을 탐구하고 혁신을 지향하는 인간의 모습을 'U-프로세싱'이라고 부른다. 본질을 탐구하는 사람은 먼저 U자의 왼쪽 벽면을 타고 밑바닥으로 내려가서 자신의 내면을 깊이 성찰한 후 본질적인 것만 남기고 비본질적인 것들은 과감하게 바닥에 버린다. 그런 후 폭포를 거슬러 올라가는 연어처럼 U자의 오른쪽 벽면을 타고 위를 향해, 미래를 향해 힘차게 솟구쳐 오른다.

U 프로세싱은 개인에게만 필요한 절차가 아니다. 4차 산업혁명 시대를 준비하는 기업에게도 반드시 필요한 절차다. 기업은 미래 사회에 적합한 경영 패러다임을 구축하기 위해 조직의 현주소와 좌표를 깊이 들여다봐야 한다. 그런 후 4차 산업혁명 시대의 기술적 트렌드에 어울리지 않는 요소들은 깨끗이 잊고 본질적인 미래 가치에 시간과 자산을 집중 투자해야 한다. 〈장자〉에 나오는 다음 경구를 새기면서 혹시 거꾸로 하고 있는 것은 아닌지 스스로를 돌아보자.

사람은 잊어야 할 것은 잊지 않고 잊지 말아야 할 것은 잊는다.

人不忘其所忘 而忘其所不忘

— 〈장자〉 덕충부 편

제3장

미래에 대한 사유

블록체인, 개방으로 경계를 허물다

경계를 허물어 더 안전하게 만드는 신비로운 기술

블록체인이 4차 산업혁명의 핵심 기술로 떠오르고 있다. 빅데이터Big Data, 사물인터넷IoT, 가상현실VR, 인공지능AI 등과 함께 어깨를 나란히 하면서 4차 산업혁명의 흐름을 주도하고 있다. 기업에서는 기존의 비즈니스에 블록체인 기술을 직접 접목하는 시도를 하고 있다.

블록체인이 본격적으로 무대에 등장한 배경에는 비트코인 투자 열풍이 있다. 비트코인 때문에 블록체인의 기술적 의미와 미래 산업에 미칠 파괴력이 널리 알려졌다고 해도 과언이 아니다. 비트코인은 싸이월드나 네이버, 카카오톡 등에서 거래되고 있는 가상화폐와는 플랫폼이 다르다. 이들을 구분 짓는 결정적인 차이가 바로 블록체인이라는 기술이다.

비트코인은 네트워크에 암호 형태로 흐르고 있는 신규 거래내역을 가장 먼저 낚아채는(해독하는) 사람에게 화폐를 생성할 수 있는 권한을 부여한다. 이 사람을 채굴자miner라 부르며 채굴자가 푼 문제가 정답이라고 과반수의 참여자가 동의하면 신규 거래내역은 타임스탬프 방식으로 승인되고, 기존의 블록에 연결(체인)된다. 거래요청→암호화→암호해독→승인→연결이라는 프로세스는 대략 10분마다 반복된다.

비트코인은 중앙은행이 발권을 독점하는 현재의 금융 시스템과 다를 뿐만 아니라 포털사업자가 쿠폰처럼 발행하는 가상화폐와도 다르다. 따라서 개념상의 혼선을 피하기 위해 가상화폐가 아니라 암호화폐cryptocurrency라 부르는 것이 타당하다.

블록체인은 개방형과 폐쇄형으로 나눌 수 있다. 개방형은 말 그대로 누구에게나 참여의 기회를 공평하게 보장하는 플랫폼이고 폐쇄형은 자격을 갖춘 몇 사람 혹은 몇 기관에게만 참여를 허용하는 플랫폼이다. 블록체인의 진수는 개방형에 있고 그 진수를 집약적으로 구현하고 있는 것이 비트코인이다. 유통이나 보험, 금융과 같은 분야에 제한적으로 응용되고 있는 현재의 블록체인 기술들은 모두 폐쇄형이다. 이들은 블록체인 기술을 사용하고 있지만 엄밀하게 말해 반反블록체인 패러다임에 머물러있다.

인체에 비유하자면 블록체인은 뇌, 비트코인은 심장이다. 뇌와 심장을 분리하면 인체가 원활하게 작동할 수 없듯이 블록체인과 비트코인을 분리하면 4차 산업혁명이라는 거대한 수레바퀴를 제대로 굴릴 수 없다.

반도체, 인터넷, 정보화 등으로 대표되는 3차 산업혁명이 큰 흐름을 탈 때도 포르노 중독이나 게임폐인과 같은 사회적 일탈자들이 있었다. 하지만 역으로 볼 때 이러한 어둠의 자식들이 없었더라면 3차 산업혁명이 장강의 큰물을 만날 수 없었을 지도 모른다. 비트코인 투자 열풍은 4차 산업혁명이라는 신세계로 나아가는 길에서 만난 걸림돌이다. 다소의 부작용이 있다고 해서 무조건 규제하는 것은 옳지 않다. 돌은 치우되 길을 막지는 말아야 한다. 거래소 폐쇄라는 극단적인 방침을 철회한 것은 그나마 다행이지만 향후로도 계좌 실명제, 범죄 조직과의 차단 등을 넘어서는 과도한 규제는 삼가야 한다.

비트코인의 개발자 나카모토 사토시의 정체는 철저하게 베일에 가려져 있다. 이미 사망했다는 설도 있다. 일각에서는 나카모토 사토시가 특정 개인이 아니라 유무형의 조직이며, 개발자도 한 사람이 아니라 여러 명일 것이라는 주장이 제기되기도 한다. 심지어는 특정 국가의 정부나 기관으로 보는 시각도 있다.

나카모토 사토시라는 이름을 뜯어보면 이런 주장에 공감이 간다. 나카모토 사토시를 한자로 쓰면 中本哲史(중본철사)가 된다. 중국의 중中자와 일본의 본本, 철학의 철哲자와 역사의 사史를 합성한 형태다. 자연인이 이런 이름을 쓰는 경우가 없지는 않다. 실제로 그런 이름을 가진 사람이 언론의 추적 대상이 되기도 했다. 하지만 관련 없는 인물로 밝혀졌다.

중본철사中本哲史에 담긴 문자적 의미에 주목하면 개발자 그룹이 자신들의 명분을 드러내기 위해 전략적으로 이런 이름을 취했을 가능성이 엿보인다. 중국, 일본을 포함한 동양문화권의 인문학적 가치에 비트코인의 개발 의도가 숨어 있다고 추정해볼 수 있는 대목이다. 상상력을 동원해서 그 의도를 톺아보자.

대표적인 동양 고전의 하나인 〈장자〉 대종사 편에는 "장천하어 천하藏天下於天下"라는 구절이 나온다. 천하는 천하에 간직한다는 뜻이다. 장자는 우화를 통해 그 속뜻을 깨우쳐준다.

어느 마을에 억만금을 가진 부자가 있었다. 이 사람은 자나 깨나 도둑 걱정이었다. 도둑이 들어서 자신의 재산을 훔쳐 갈까 봐 잠도 제대로 자지 못했다. 생각다 못해 예리한 창으로도 뚫을 수 없는 튼튼한 궤짝 하나를 구입해서 현금과 보석 등 전 재산을 거기에 숨겨두었다. 그것으로도 안심이 되지 않아 궤짝을 밧줄로 꽁꽁 묶어 두었다. 그런데 그 다음날 난리가 났다. 간밤에 도둑이 들어와서 궤짝을 통째로 메고 달아나버린 것이다. 장자는 이렇게 말한다.

"산골짜기에 배를 숨겨두고 연못 속에 산을 숨겨두고 단단히 숨겨두었다고 말한다. 그러나 밤중에 힘이 센 자가 그것을 등에

지고 도망치면 잠자는 사람은 알지 못한다. 사물은 크고 작건 간에 각기 숨겨둘 수 있는 공간이 있다. 그래서 도둑이 그것을 훔쳐서 도주할 곳이 있다. 하지만 천하를 천하에 숨겨두면 훔쳐 서 도주할 곳이 없게 된다."

─〈장자〉 대종사 편

경상초 편에는 "천하를 새장으로 삼으면 새가 도망칠 곳이 없어 진다"라는 구절이 나오는데 같은 맥락이다.

1차 인터넷 혁명의 대표적인 미완성 과제 중 하나가 바로 보안 문제다. 월드 와이드 웹World Wide Web이라는 인터넷 기술을 기반으 로 하는 현재의 사회 시스템은 아무리 보안을 강화해도 뚫릴 수 있는 여지가 있다. 보안 기술이 발전하는 속도에 비례해서 해킹 기술도 발전하기 때문에 해킹으로부터 자유로울 수 없다. 블록체 인은 이러한 한계를 근본적으로 해결할 수 있는 기술적 가능성을 선보였다.

블록체인 기술의 핵심은 만인의 만인에 대한 개방과 소통이다. 숨기고 감추는 것이 아니라 모두의 것을 모두에게 까발린다. 거래 원장Ledger을 특정한 금고나 파일에 보관하는 것이 아니라 블록의 연결(체인)로 이루어진 네트워크World Wide Ledger에 보관한다. 엄밀 하게 말하면 보관이 아니라 전시다. 보고 싶은 사람은 누구나 와 서 보라는 것이다. 전시된 물건을 훔쳐 가는 것은 자유다. 그렇지만 훔친 물건을 들키지 않고 완벽하게 숨기는 것은 불가능하다. 모두의 눈이 지켜보고 있기 때문이다.

열 사람이 도둑 하나 지키지 못한다는 속담도 있지만 지켜보는 사람의 수가 열 명이 아니라 만 명, 십만 명, 백만 명이 되면 얘기가 달라진다. 아무리 용빼는 재주가 있는 도둑이라 해도 그들 모두의 눈을 피해서 훔친 물건을 숨길 수는 없다. 게다가 암호학을 기반으로 하고 있고 거래내역을 승인받기 위해서는 참여자들 과반수의 동의를 얻어야 한다는 알고리즘 때문에 해킹으로부터 지극히 안전하다.

비트코인을 해킹하려면 전 세계에 존재하는 1위부터 500위까지의 슈퍼컴퓨터를 모두 동원해야 한다. 2100만 개의 비트코인 가운데 1600만 개 정도가 채굴된 현재 시점에서 그렇다. 채굴된 비트코인이 늘어나고 거래내역을 기록한 블록의 수가 많아지면 해킹 가능성은 제로에 접근한다. 일본에서 발생한 해킹 사건은 보석함에 담긴 보석이 아니라 보석함이 뚫린 경우다. 블록체인 기술의 허점이 아니라 거래소라는 울타리가 허술했다는 것이다.

블록체인 기술은 금융뿐만 아니라 경제 전반에 걸쳐 다양하게 활용될 수 있다. 대표적인 사례 하나만 살펴보자.

영국의 스타트업 기업 에버렛저Everledger는 블록체인 기술을 다이아몬드 감정기법에 적용해 세계적으로 주목받고 있다. 다이아몬드를 취급하는 기업의 가치를 결정하는 것 중 하나는 위변조를 막는 기술이다. 원석과 가공 기술이 아무리 뛰어나도 위변조를 막지 못하면 기업은 설자리를 잃게 된다. 에버렛저 창업자 린 캠프는 블록체인의 기본 개념을 이해한 순간 다이아몬드와 같은 귀중품의 사기를 막을 수 있다는 영감을 떠올렸다. 캠프는 다이아몬드를 꼭꼭 숨기는 것이 아니라 원석 채굴업자, 가공업자, 감정업자, 유통 상인, 보험사, 경찰 등 관련 당사자들 모두가 모인 방(네트워크)에 다이아몬드의 이력을 포함한 모든 정보를 공개하는 전략을 선택했다.

그 결과는 놀랍다. 공개를 꺼릴 줄 알았던 사람들이 거꾸로 적극적으로 공개에 참여했다. 현재 전 세계 160만 개의 다이아몬드가 에버렛저의 블록체인에 등록(공개)되어 있다. 에버렛저는 천하라는 투명하고 공개된 금고에 다이아몬드를 보관하는 역발상으로 세계 부호들의 마음을 사로잡는데 성공했다.

블록체인은 4차 산업혁명에서 혁신의 대표 아이콘으로 부각되고 있다. 곳곳에서 그 징후가 이미 나타나고 있다. 비트코인과 에버렛저는 빙산의 일각이다. 더 큰 블록과 체인, 다이아몬드가 깊은 바닷속에서 꿈틀거리고 있다. 머지않아 그들은 세상에 자신의 실체를 드러낼 것이다. 그때 그들이 낯설지 않도록 미리 준비해둬야 한다.

'알면 사랑하게 되고, 사랑하게 되면 알게 되니, 그때 아는 것은 전과 같지 않다'고 했다. 블록체인에 대한 관심과 연구로 도도하게 밀려오는 4차 산업혁명의 물결에 새로운 눈을 떠야 할 때다. 적극적으로 알고 사랑함으로써 새롭게 눈을 뜨는 사람만이 그 흐름 위에 올라탈 수 있다.

'디폴트 월드'를 떠나 무(無)의 세계로
실리콘밸리의 천재들, 경계 없는 사막에서 혁신의 영감을 얻다.

사람은 누구나 디폴트된 세상default world에 태어난다. '응애' 하고 첫 울음을 터뜨리면서 엄마 뱃속에서 나오는 순간 세상의 모든 그물망은 완벽하게 짜여 져 있다. 국가, 정치체제, 부모의 사회적 위치와 재산 등 모든 변수들은 자신의 의지와 상관없이 주어진 채로 존재하며 내 삶의 초기조건을 결정한다.

현상학자 라캉은 디폴트 월드를 우주적 규모의 거푸집에 비유한다. 사람은 거푸집 속에 부어져 건물의 뼈대를 완성해나가는 시멘트다. 시멘트가 거푸집을 바꿀 수 없듯이 사람이 디폴트 월드를 바꿀 수는 없다. 영화라면 가능하다. 〈매트릭스〉에서처럼 파란약이 아니라 빨간약을 먹으면 된다. 네오(키아누 리브스 분)는 극한의 고통을 감수하면서 빨간약을 선택한 후 디폴트 월드를 촘촘하게 둘러싸고 있는 매트릭스를 걷어 내고 리얼 월드Real world를 창조한다.

현실 세계에도 네오처럼 리얼 월드에 대한 갈증으로 빨간약을 집어 드는 부류들이 있다. 이들은 매년 8월 마지막 주 월요일부터 9월 첫째 주 월요일까지 미국 네바다 주의 블랙록Black rock 사막에 모인다. 그리고 그곳에서 버닝 맨Burning man이라 불리는 축제를 즐기면서 리얼 월드에 대한 갈증을 씻어낸다. 사막은 아무것도 없는 무無의 세계다. 유위와 의도, 욕망이 완벽하게 배제된 채 텅 비어 있는 공간이다. 경계도 팻말도 방향도 없다. 사막은 자연 그 자체의 자유로움이다. 행동을 제약하는 것은 그 어디에도 존재하지 않는다. 낮에는 태양, 밤에는 별을 쫓아서 발길 가는 대로 가면 그만이다.

버닝 맨 축제에 모여드는 7만여 명의 참가자들 중에는 실리콘밸리의 괴짜들이 상당수 포함되어 있다. 구글의 공동창업자 세르게이 브린과 래리 페이지, 스페이스엑스의 CEO 일론 머스크, 아마존의 제프 베조스는 이 축제의 단골손님들이다. 페이스북의 마크 저크버그도 가끔 참가자 명단에 이름을 올린다. 실리콘밸리의 스타들뿐만 아니라 윌 스미스, 수잔 서랜든과 같은 할리우드의 스타들도 금쪽같은 시간을 쪼개 블랙록 사막을 찾는다. 이들의 디폴트 월드는 부와 명예, 권력의 매트릭스로 짜여 져 있는 안전하고 탄탄한 세상이다. 그럼에도 불구하고 그들이 파란 약 대신에 빨간약을 선택하는 이유는 분명하다. 그들은 사막의 무無가 가지고 있는 리얼 월드의 에너지와 영감으로 자신의 삶과 기업, 그리고 세상을 끊임없이 혁신시키고자 한다.

구글 사무실 벽면은 온통 버닝 맨 사진으로 도배되어 있다. 구글은 버닝 맨의 자유로움을 창업에 그대로 적용했다. 구글 사이트의 홈 화면은 그것을 상징적으로 보여준다. 네모 박스 하나만 달랑 있을 뿐 나머지는 모두 여백이다. 사막처럼 텅 비어 있다. 흔한 사진 한 장 없다. 배너 광고도 물론 없다. 가장 값비싼 땅덩어리를 문패와 우편함만 놔둔 채 비워둔 것이다.

야후와 알타비스타, 익사이트 등 기존의 검색 사이트들은 방문객들의 눈길을 사로잡기 위해 미사여구와 화려한 사진으로 홈을 꾸몄다. 방문객들이 가능하면 오래 그곳에 머무르도록 하려는 전략이다. 그러나 구글은 거꾸로 했다. 구글은 방문객들의 발길을 잡지 않았다. 자유롭게 놔뒀다. 필요한 정보가 있는 사이트를 발견하는 순간 즉각 자신들의 집에서 떠나도록 했다. 그 전략은 제대로 먹혔다. 구글이 야후를 비롯한 선행 기업들을 제치고 검색 1위 업체에 등극한 비결은 바로 비움과 자유로움이었다.

세르게이 브린과 래리 페이지는 사막에서 얻은 혁신의 영감으로 실리콘밸리를 정복했다. 제프 베조스의 아마존도 구글과 같은 전략을 택했다. 그리고 크게 성공했다. 미래를 보면 구글보다 오히려 더 전망이 밝다. 아마존은 플랫폼을 만들지만 그에 대한 소

187

유권을 주장하거나 그를 통해 고객들을 통제하려 들지 않는다. 방문과 이용, 적용, 변형을 자유롭게 하도록 놔둔다. 아마존의 대표적 플랫폼인 마켓 플레이스와 AWSAmazon Web Service는 모두에게 100% 개방되어 있다. 비싼 돈 들여 자신이 만들어 놓은 가게에 다른 상인들이 들어와서 장사를 하도록 내버려 두는 것은 상식적으로 볼 때 미친 짓이다. 그러나 아마존은 그 미친 짓으로 황금알을 낳았다.

버닝 맨 축제가 열리는 사막에서는 모두가 미친 사람들이다. 그들은 보잉 747을 개조해서 디스코텍을 만들기도 하고, 수천 대의 아트 카art car를 모는 운전자들은 아무런 방향도 정하지 않고 무작정 사막 위를 달린다. 아트 카에 탑승하는 승객들도 미친 운전자에게 자신의 몸을 온전히 맡긴다.

일론 머스크는 "버닝 맨=실리콘밸리"라면서 노골적으로 축제를 예찬한다. 일론 머스크의 사고에는 구분과 경계가 없다. 그의 정신은 무無의 사막 그 자체다. 땅속으로, 하늘로, 우주로 자유롭게 날아다닌다. 스페이스엑스, 보링 컴퍼니, 테슬라 모터스 등 그가 만들고 키운 기업들은 사막 정신의 결과물들이다.

장자는 래리 페이지나 제프 베조스, 일론 머스크보다 2천5백 년 먼저 히피 정신을 설파했던 광인狂人이었다. 그는 유교라는 매트릭스로 직조된 디폴트 월드를 거부했으며, 우주를 넘나드는 자유로운 정신으로 자신만의 리얼 월드를 창조하고자 했다. 장자가 말하는 리얼 월드의 핵심은 무無다. 그것은 사막처럼 구분도 경계도 방향도 없다. 우주처럼 넓고 광활하다. 그렇기 때문에 무한히 자유롭다. 사람의 신체에 빗댄 다음 우화를 통해 장자 사상의 핵심을 읽어보자.

어느 날 자사子祀, 자여子輿, 자리子犁, 자래子來 네 사람이 함께 이야기를 나누다가 이렇게 말했다.

"누가 무無를 머리로 삼고 생生을 등뼈로 삼고 사死를 꽁무니로 삼을 수 있는가? 누가 생生과 사死, 존存과 망亡이 한 몸임을 아는가? 만일 그런 사람이 있다면 우리는 그와 사귀고 싶다."

그러고는 네 사람이 서로 쳐다보면서 빙그레 웃고 마음에 거슬리는 것이 없자 다 함께 벗이 되었다. 얼마 있다가 자여가 희귀한 병에 걸려 몸이 꼽추처럼 변하자 자사가 병문안을 가서 말했다.

"그대는 그것이 싫은가?"

자여가 말했다.

"아닐세. 내가 무엇을 싫어하겠는가. 주물주가 나의 왼쪽 팔뚝을 서서히 변하게 만들어서 닭이 되게 한다면 그로써 나는 새벽을 알리는 울음소리를 낼 것이고, 나의 오른쪽 팔뚝을 서서히 변화시켜서 탄환이 되게 한다면 나는 그로써 새 구이를 구할 것이며, 나의 궁둥이를 변화시켜서 수레바퀴가 되게 하고 나의 정신을 변화시켜서 말馬이 되게 한다면 나는 기꺼이 수레를 탈 것 일세."

—〈장자〉 대종사 편

장자는 사물의 변화를 자연스럽게 받아들인다. 변화는 만물의 근본 속성이고 세상에서 유일하게 불변하는 진리이다. 그렇기 때문에 팔뚝이 변해서 닭이 되고 궁둥이가 변해서 수레바퀴가 되어도 그는 괘념치 않는다. 변화를 자연스럽게 받아들인다는 것은 특정한 사물이나 신념, 이데올로기에 집착하거나 얽매이지 않는다는 뜻이다. 몇 해를 더 살았는지, 어떤 지위에 있는지, 무슨 종교를 믿는지와 같은 생물학적 조건이나 사회적 신분, 신념체계 따위는 그에게 중요하지 않다. 그의 정신은 사막처럼 탁 트여 있고 바람처럼 자유롭다.

세월을 잊고 옳음도 잊는다. 오직 경계가 없는 곳으로 무한히 나아갈 따름이다.

忘年忘義 振於無竟 故寓諸無竟

—〈장자〉 제물론 편

모든 존재로부터 자유롭기에 디폴트 월드의 권력도 장자를 구속하지 못한다. 다음 우화는 절대 자유를 추구하는 장자의 정신세계를 잘 보여준다.

> 장자가 복수濮水에서 낚시를 하고 있는데 초나라 위왕의 심부름으로 대부 두 사람이 와서 말을 걸었다.
>
> "왕께서 당신을 조정의 신하로 초빙하고자 합니다."
>
> 장자는 낚싯대를 잡은 채 돌아보지도 않고 말했다.
>
> "내가 듣기로 초나라에 신령한 거북이 있는데 죽은 지 이미 3천 년이 되었어도 왕이 보襆로 싸고 상자에 넣어 종묘 안에 간직하고 있다고 했소. 이 거북의 본심이 무엇이겠소? 죽어서 뼈만 남은 채 귀해지기를 바라겠소, 아니면 진흙 속에서 꼬리를 끌어도 살기를 바라겠소?"
>
> 이에 두 대부가 말했다.
>
> "그야 진흙 속에서 꼬리를 끌어도 살기를 바라겠지요."
>
> 이에 장자가 말했다.
>
> "돌아가시오. 나도 이와 같이 진흙 속에서 꼬리를 끌면서 살겠소."
>
> ─〈장자〉 추수 편

장자는 스스로 권력에 예속된 삶을 거부했듯이 인간관계에서도 자유로운 소통을 최고의 전략으로 여긴다.

오는 사람은 막지 않으며 가는 사람은 잡지 않는다.

來不可御 去不可止

—〈장자〉 진자방 편

　　구글과 아마존의 개방 전략과 일맥상통하는 메시지다. 구글이
잘나가는 기업이 되자 30대 초반의 두 젊은 괴짜들만의 힘으로는
이끌어가기가 힘들어졌다. 세르게이 브린과 래리 페이지는 전문
경영인 영입에 나섰다. 18개월간 일흔네 명의 후보들을 인터뷰했
지만 적임자를 찾지 못하다가 마침내 영입한 인물이 바로 에릭 슈
미트다. 이들이 에릭 슈미트를 적임자로 낙점한 이유는 그의 특이
한 이력 때문이었다.

　　에릭 슈미트는 많은 후보자들 가운데 유일한 버닝 맨 축제 참가
자였다. 두 사람의 공동 창업자는 블랙록 사막의 가치와 정신을
이해하는 사람이라면 구글과 함께 해도 괜찮다고 판단했다. 아마
존은 인재를 채용할 때 천재보다는 괴짜를 뽑는다. 제프 베조스는
바로크 음악광이나 마운틴 클라이밍에 미친 사람을 직원으로 채
용하고 직원들이 강아지를 데리고 출근하는 것을 허용한다.

　　일론 머스크는 우주의 혹독한 조건을 견딜 수 있는 컴퓨터 시스
템 개발 비용을 나사(미국항공우주국)의 1/1000 수준으로 낮춰서
완성시켰다. 관료주의에 젖어있는 나사의 기술자들은 상상조차
할 수 없는 일이었다. 일론 머스크는 이 프로젝트를 통해 '혁신이

란 바로 이런 것'이라는 사실을 제대로 보여줬다.

사막이라는 무無의 세계에서 찾은 영감이 모든 문제를 해결해 주지는 않는다. 그러나 구글과 아마존, 스페이스엑스의 창업자들이 공통적으로 버닝 맨 축제의 단골손님이라는 사실은 시사하는 바가 크다. 시간이 곧 돈인 그들이 굳이 돈을 버려가면서까지 버닝 맨 축제에 참가하는 것은 혁신革新이 속삭이는 소리에 귀를 기울이기 위해서다.

유有의 세계인 실리콘밸리에서는 그 소리를 들을 수 없기에 그들은 디폴트 월드를 떠나 무無의 세계 사막을 찾는다. 장자는 일찍이 그 소리를 들었으며 제물론 편에서 이를 천뢰天籟라고 표현했다. 천뢰는 사람이 내는 소리인 인뢰人籟와는 다르다. 인뢰가 도시의 소음이라면 천뢰는 내면의 소리, 영혼의 소리다. 천뢰를 듣고 싶다면 일상을 탈주해 사막으로 떠나보라. 남들이 만들어 놓은 지도는 놓고 가라. 마음속의 지도만으로 충분하다. 혹시 길을 잃을까 두려워하지 않아도 된다. 사막은 사방이 모두 길이기에 내가 걷는 곳이 곧 길이 된다.

"우리가 알아서 다 해드릴께요."

캄테크, 인간과 AI의 경계를 허물다.

18세기 중엽 영국에서 시작된 산업혁명은 인간의 삶을 획기적으로 바꾸어 놓았다. 기계화로 인한 대량생산 덕분에 의식주는 예전과 비교할 수 없을 정도로 편리해졌다. 2차, 3차 산업혁명 시대를 거치면서 이러한 편리성은 질적으로 더욱더 심화되었다. 컴퓨터의 도움으로 문서작업은 한결 수월해졌고, 자동차는 목적지에 도달하는 시간을 절약시켜 주었다.

그러나 반대급부도 생겼다. 생활이 편리해진 만큼 오히려 신경 쓸 일은 더 많아졌다. 컴퓨터에 저장된 정보를 해킹으로부터 안전하게 보관하기 위해서는 백신 프로그램을 정기적으로 업데이트해야 하고, 자동차의 엔진오일이 떨어지지는 않았는지 에어컨의 냉매 가스가 새지는 않는지 자주 점검을 해야 한다.

먹는 것도 그렇다. 가스레인지로 조리를 편리하게 할 수는 있지만 외출한 후 혹시나 가스 불을 그대로 켜 두지는 않았는지 늘 신경이 쓰인다. 기존의 산업혁명은 생활에 편리함을 가져다주기는 했지만 삶의 편안함, 안락함까지 보장해 주지는 않았다.

4차 산업혁명 시대를 대표하는 기술의 하나인 캄테크calmtech는 생활의 편리함을 넘어 삶의 편안함과 안락함을 더해주는 기술이다. 조용함을 뜻하는 캄calm과 기술을 뜻하는 테크놀로지technology의 합성어인 캄테크는 미국 실리콘밸리 소재 정보기술 연구 기업 제록스파크 소속 연구원이었던 마크 와이저Mark Weiser와 존 실리 브라운John Seely Brown이 공동으로 쓴 〈디자이닝 캄 테크놀로지 Designing Calm Technology〉라는 논문에서 유래했으며, '일상생활환경에 센서와 컴퓨터, 네트워크 장비를 보이지 않게 내장하고 이를 활용해 사람들이 인지하지 못한 상태에서 각종 서비스를 제공하는 기술'을 의미한다. 한 마디로 캄테크는 사람이 신경 쓰지 않아도 알아서 다 해주는 기술이다.

아마존의 알렉사Alexa나 구글의 네스트 랩스Nest Labs, 애플의 시리Siri와 같은 캄테크 기기들은 사용자의 삶의 패턴과 기호, 사이클을 스스로 파악해서 문제를 해결해 준다. 냉장고가 비면 내가 무엇을 주문할 것인지 신경 쓰지 않아도 알아서 척척 주문을 해주고, 에어컨 리모컨을 일일이 조작하지 않아도 내가 좋아하는 최적의 실내 온도를 알아서 유지해 준다.

아침 기상 시간에는 내가 좋아하는 음악을 자동으로 켜주고, 그 날의 기상 정보와 교통상황을 미리 브리핑해 준다. 출근할 때는 편안한 마음으로 운전석에 앉아 있기만 하면 된다. 시동, 주행, 제동, 주차 등 모든 동작은 캄테크 기기인 자율 주행 자동차가 알아서 해 준다.

점심시간에는 '오늘은 또 뭘 먹지?'하는 고민을 하지 않아도 된다. 아마존의 추천 캄테크인 A9이 내가 좋아하는 메뉴별로 식당의 위치와 가격, 이용자 후기까지 알려준다. 아내의 생일날 무슨 선물을 할지 고민할 필요도 없다. A9이 다 알아서 추천해 준다. 나는 모든 것을 잊고 캄테크가 주는 편안함과 안락함을 누리기만 하면 된다.

〈장자〉는 캄테크의 이치를 일찌감치 갈파했다.

발을 잊는 것은 신발이 발에 꼭 맞기 때문이고, 허리를 잊는 것은 허리띠가 허리에 꼭 맞기 때문이다. 마찬가지로 시시비비를 잊는 것은 내 마음이 외물과 꼭 맞기 때문이다. 내적 동요가 없고 질질 끌려다니지 않는 것은 일이 때에 꼭 맞기 때문이다. 시작과 끝이 꼭 맞으면 맞음 그 자체도 잊어버린다.

忘足 履之適也 忘要 帶之適也 知忘是非 心之適也 不內變 不外從 事會之適也 始乎適而未嘗不適者 忘適之適也

—〈장자〉 달생 편

196

신발이 작으면 발이 불편하다. 그래서 늘 신경이 쓰인다. 옷이나 허리띠, 장갑도 그렇다. 캄테크 기기들은 내 삶에 꼭 맞기 때문에 편하다. 그래서 나는 모든 것을 잊고 여유로움과 편안함을 누린다. 캄테크는 마치 공기와 같다. 내 삶의 주변에 늘 함께 있지만 나는 그것의 존재 자체를 의식하지 않는다. 캄테크가 나 대신 신경을 쓰고, 나 대신 주변 환경을 분석하고 예측하고 조절한다. 완전한 망각 상태에서 나는 완벽한 자유를 누린다. 자동차를 타고 이동을 하지만 안전에 대해 아무런 신경을 쓰지 않고 자유롭게 음악을 즐기고, 책을 보고, 창밖의 경치를 감상한다.

장자는 좌망坐忘을 도의 최고 경지로 꼽는다.

공자의 제자 안연이 어느 날 스승에게 말했다.

"스승님, 저는 배움에서 한 걸음 더 나아간 것 같습니다."

공자가 말했다.

"그래, 무엇을 깨달았느냐?"

"저는 인의仁義를 잊었습니다."

"그래, 진전이 있었구나. 하지만 그 걸로는 부족하다."

다음 날 안연이 와서 다시 말했다.

"스승님, 저는 또 한 걸음 더 나아간 것 같습니다."

"그래, 이번에는 무얼 또 깨달았느냐?"

"저는 예악禮樂을 잊었습니다."

197

"그래, 진전이 있었구나. 하지만 그 걸로도 부족하다."

다음 날 안연이 다시 와서 말했다.

"스승님, 저는 좌망의 경지에 도달했습니다."

공자는 깜짝 놀라 물었다.

"좌망이라니, 그게 무슨 경지냐?"

"팔과 다리, 오장육부의 지각 작용을 모두 버리고 눈과 귀의 감각작용을 모두 물리치고 대통大通의 세계와 같아졌을 때를 일컬어 좌망이라고 합니다."

그러자 공자는 이렇게 말했다.

"대통大通의 세계와 같아지면 좋아하고 싫어하는 것을 구분하지 않게 되고 외물外物에 대한 집착을 버리게 된다. 너는 참으로 현명하구나. 나도 너를 따르겠다."

— 〈장자〉 대종사 편

좌망坐忘의 반대 개념은 좌치坐馳다. 좌망은 모든 것을 망각하고 절대적인 자유를 누리는 경지이고, 좌치는 외물에 대한 집착을 버리지 못한 채 전전긍긍하는 부자유한 상태를 일컫는다.

3차 산업혁명 시대와 4차 산업혁명 시대는 좌치와 좌망으로 구분된다. 3차 산업혁명 시대의 정보화 기술은 사람의 신경을 극도로 자극함으로써 삶을 불안하고 부자유하게 만드는 좌치의 기술이고, 4차 산업혁명 시대의 캄테크는 사람의 신경을 자극하지 않음으로써 삶을 편안하고 자유롭게 해주는 좌망의 기술이다.

> 사물을 잊고, 나를 잊는 사람은 하늘나라로 들어갈 수 있다.
> 忘乎物 忘己之人 是之謂入於天
>
> ―〈장자〉 천지 편

〈장자〉에 의하면 캄테크는 낙원에 이르는 기술이다. 캄테크는 철저하게 인간을 배려하는 기술이다.

> "인간은 바쁘니까, 신경 쓸 게 많으니까, 가만히 계세요. 제가 다 알아서 해 드릴게요."

이것이 4차 산업혁명 시대의 저류를 흐르고 있는 캄테크의 모토다. 물론 우려가 없는 것은 아니다. 캄테크에 내장된 빅데이터와 인공지능, 삶의 모든 영역을 하나의 망으로 연결하는 사물인터넷 Iot이 사생활을 침해하고, 인간의 직업을 빼앗고, 삶의 자율성을 헤칠 수도 있다. 그러나 허전하고 시린 인간의 마음 한구석을 넉넉하게 채워주고, 새로운 일자리를 제공해 주고, 자유를 만끽할 수 있게 해주는 것도 캄테크다.

어떤 문명이든지 야누스의 얼굴을 하고 있다. 밝은 부분이 있으면 어두운 부분도 있다. 라이너 마리아 릴케의 말처럼 미래는 우리 안에서 변화하기 위해 훨씬 오래전부터 우리 내부에 들어와 있다. 캄테크는 이미 와있는 미래이다. 20여 년 후면 캄테크 없는 삶을 상상할 수 없을 정도로 캄테크는 우리 삶 깊숙이 침투해있을 것이다. 두려워하는 사람에게 미래는 늘 두려움의 영역으로 남는다. 두려움을 새로운 기회와 희망으로 바꾸기 위해서는 캄테크가 가진 그늘진 얼굴이 아니라 밝은 얼굴에 눈길을 줘야 한다.

질문하고, 의심하고, 또 질문하고, 의심하라
패러다임 시프트, 크게 의심해야 틀을 바꾼다.

4차 산업혁명은 패러다임 혁명이다. 4는 단순한 아라비아 숫자 하나에 불과하지만 거기에는 세상을 송두리째 바꾸는 엄청난 변화가 내포되어 있다. 사물인터넷, 빅 데이터, 인공지능, 블록체인과 같은 새로운 기술들이 산업화 시대와 정보화시대에는 상상조차 할 수 없었던 거대한 변화의 흐름을 주도하고 있으며, 이에 따라 정치, 경제, 금융, 유통 등 사회 각 분야에서의 시스템 변화도 잰걸음을 하고 있다.

가장 첨예한 기술적 변화는 컴퓨터의 혁명적인 변신에서 감지된다. 정보처리 속도와 연산 능력에서 디지털 시대의 슈퍼컴퓨터를 수천 배 능가하는 양자컴퓨터의 탄생이 점점 코앞으로 다가오고 있는 것이다. 세기를 달리하는 역사시대에는 호모 사피엔스의 단독플레이가 아니라 특이점Singularity을 통과한 양자컴퓨터 알고리즘과 인간의 협업 체계에 의해 문명이 창조, 파괴, 재건될 것임을 예고하는 과학자들의 거시적 전망이 줄을 잇고 있다.

거대한 변화를 이끄는 힘의 원천은 의외로 단순하다. 바로 인간의 의구심이다. 신본神本주의에 대한 의심이 근대과학혁명과 인본人本주의를 탄생시켰듯이 인간의 영혼과 뇌, 의식과 감정에 대한 생물학적 의심이 나노과학과 생명공학, 인공지능을 탄생시켰다. 양자컴퓨터의 탄생도 더 이상 축소할 수 없는 반도체의 크기와 용량의 한계에 대한 의문이 그 시발점이었고, 이것이 4차 산업혁명 시대의 패러다임 시프트를 재촉하는 결정적인 촉매 역할을 하고 있다.

관습과 기성적 틀, 표준에 자신을 맡긴 채 가만히 있으면 편안하다. 하지만 발전이 없다. 자신을 둘러싼 자연환경, 네트워크, 인간관계에 대해 끊임없이 의문을 던져야 변화, 발전, 도약의 발판을 만들 수 있다. 뉴턴이 머리 위로 떨어지는 사과를 보고 '왜?'라는 의문부호를 붙이지 않았더라면 〈프린키피아〉가 탄생할 수 없었을 것이며 근대과학혁명의 탄생도 늦어졌을 것이다.

마찬가지로 찰스 다윈이 갈라파고스 제도에서 발견한 핀치라는 새의 부리 모양을 보고 '왜 핀치의 부리는 다른 새들의 부리와 다를까?'라는 의심을 하지 않았더라면 〈종의 기원〉이 세상에 나오지 못했을 것이며 생물학과 자연사학에서의 패러다임 시프트도 일어나지 않았을 것이다. 뢴트겐의 X선 발견, 패러데이의 전기장 발견, 아인슈타인의 상대성이론, 닐스 보어의 양자도약도 모두 의심에서 비롯되었다.

익숙함에 의문부호를 붙이기는 쉽지 않다. 인간의 심리적 근육 속에 내재된 관성적인 DNA 때문이기도 하고, 프랑스의 사회학자 부르디외가 말하는 문화적 아비투스Habitus에 의해 제약을 받기 때문이기도 하다. 가만히 있으면 본전 하는데 괜히 의문을 제기했다가 왕따를 당할지도 모른다는 불안감이 "저기요? 질문 있는데요" 하고 손을 번쩍 드는 행동을 주저하게 만드는 것이다. 그러나 질문이 없으면 답도 없다. 조직이 정체되는 것은 익숙한 제도와 정책, 의사결정 방식에 아무런 의심도 하지 않고 아무런 질문도 던지지 않기 때문이다.

지구 중심의 천문학 체계가 태양 중심의 천문학 체계로 바뀌는 데는 천 년의 세월이 걸렸다. 신의 이름으로 종교가 의문을 봉쇄하고 침묵하게 만들었기 때문이다. 코페르니쿠스와 갈릴레이 갈릴레오가 교황청의 권위에 의문을 던지면서 비로소 새로운 세계관이 열리기 시작했다.

서른세 편으로 구성된 두터운 〈장자〉 책을 펼칠 때 가장 먼저 만나는 우화가 대붕大鵬 이야기다.

북쪽 바다에 물고기가 있으니 그 이름을 곤이라 한다. 곤

의 크기는 워낙 커서 몇 천리나 되는지 알 수가 없다. 이 물
고기가 변해 새가 되는데 그 새의 이름은 붕이다. 붕의 등짝
도 워낙 넓어 그것이 몇 천리에 이르는지 알 수가 없다. 붕이
남쪽 바다로 날아갈 때 물보라를 일으키는데 무려 삼천리에
달하고 회오리바람을 타고 하늘 위로 구만 리나 올라가며 육
개월을 날아가서야 비로소 쉰다.

北冥有魚 其名爲鯤 鯤之大 不知其幾千里也 化而爲鳥 其
名爲鵬 鵬之背 不知其幾千里也 鵬之徙於南冥也 水擊三千
里 搏扶搖而上者九萬里 去以六月息者也

—〈장자〉 소요유 편

책 들머리에서 대붕이라는 새를 등장시킨 장자의 의도는 뭘까?
덩치가 크고 멀리 나는 새의 웅장함에 빗대서 '꿈을 크게 가지고
멀리 내다보라'는 교훈을 주기 위해서일까? 그렇게 해석해볼 여지
가 아주 없는 것은 아니지만 〈장자〉는 단순한 자기 계발서가 아니
다. 장자가 대붕을 등장시킨 의도는 세계관의 혁명적 변화를 역설
하기 위해서다.

세상을 새롭게 보고 그를 통해 절대적인 자유를 획득하기 위해
서는 무엇보다 먼저 자신이 푹 젖어 있는 시공간적 환경과 기성적
사고의 틀을 종합적으로 의심해야 한다. 그리고 그런 것들을 뒤집
어보려고 노력해야 한다. 그런데 자기중심적 편견, 좁은 시야에

갇힌 상태에서는 그러한 인식의 전복順覆이 불가능하다.

장자는 가장 먼저 대붕이라는 큰 새를 등장시켜 공간적 한계로부터 탈출할 수 있는 방법론을 제시하고 있다. 대붕은 우주의 넓은 공간으로 가서 세상을 새로운 각도로 바라보게 해주는 수단이다. 우주선을 타고 멀리 날아가 지구를 바라볼 때 지구의 전체적인 모습을 조망할 수 있듯이 대붕을 타고 구만리 창공으로 날아가면 새로운 시각으로 세상을 볼 수 있다는 것이 장자의 생각이다. 대붕은 말하자면 현대의 우주선인 셈이다. 이어지는 다음 문장을 보면 장자의 이러한 의도를 짐작할 수 있다.

하늘빛이 푸른 것은 하늘의 색깔이 원래 푸르기 때문일까? 아니면 너무 멀리 떨어져 있어서 그렇게 보이는 것일까? 대붕을 타고 구만리 창공으로 날아가 아래를 내려다보면 똑같이 푸르게 보일 것이다.

天之蒼蒼 其正色邪 其遠而無所至極邪 其視下也 亦若是
則已矣

— 〈장자〉 소요유 편

하늘이 푸르게 보이는 것은 인간의 시야가 공간적 한계를 벗어나지 못하기 때문이며 대붕을 타고 날아가 넓은 우주 공간에서 지구를 바라보면 비로소 그러한 이치를 깨달을 수 있다는 것이 장자의 설명이다.

〈장자〉추수 편에 나오는 우물 안 개구리의 비유도 공간적 한계에 갇힌 인간의 편협한 시야를 일깨워주는 대목이다.

> 우물 안 개구리에게는 바다에 대해 말할 수 없다.
> 井蛙 不可以語於海
>
> ―〈장자〉 추수 편

패러다임 시프트를 위해서는 공간적 한계뿐만 아니라 시간적 한계도 극복해야 한다. 대붕 이야기에 이어지는 다음 우화를 통해 장자의 가르침을 조금 더 들여다보자.

> 작은 지혜는 큰 지혜에 미치지 못하고 짧은 수명은 긴 수명에 미치지 못한다. 무엇으로 그러함을 알 수 있는가? 조균은 한 달을 알지 못하고 쓰르라미는 봄가을을 알지 못하니 이것이 짧은 수명의 예이다. 옛날 상고시대에 대춘이라는 나무가 있었으니 8천 년을 봄으로 하고 8천 년을 가을로 삼았다. 팽조는 지금 장수로 이름을 날리고 있으며 세상 사람들은 팽조처럼 오래 살려고 기를 쓴다. 8천 년을 사는 대춘도 있는데, 기껏 몇 백 년을 살려고 발버둥을 치다니 참으로 어리석지 아니한가?

小知不及大知 小年不及大年 奚以知其然也 朝菌不知晦
朔 蟪蛄不知春秋 此小年也 楚之南有冥靈者 以五百歲爲春
五百歲爲秋 上古有大椿 以八千歲爲春 八千歲爲秋 而彭祖
乃今以久特聞 衆人匹之 不亦悲乎

— 〈장자〉 소요유 편

　　하루라는 시간적 한계에 갇힌 조균朝菌은 한 달이라는 시간의 길이를 알지 못하며, 여름 한 철을 살다가는 쓰르라미는 봄가을이라는 또 다른 계절의 존재를 알지 못한다. 그리고 팽조라는 사람이 오래 산다고 자랑하지만 8천 년을 사는 대춘大椿 나무에는 견줄 수가 없다. 장자의 입장에서는 시간을 하루나 한 달, 일 년 단위로 끊어서 생각하는 것이 무의미하다. 장자가 볼 때 시간은 분절적이지 않으며 통시적으로 존재한다. 세상 만물은 시간이라는 함수에서 볼 때 상대적이다. 대춘이 8천 년을 산다고 하지만 그 또한 수십억 년이라는 우주의 역사에서 보면 찰나에 지나지 않는다.

　　4차 산업혁명 시대에서는 1년이라는 시간을 10년으로 늘릴 수도 있고 백 년으로 늘릴 수도 있다. 기업을 혁신적이고 스마트한 조직으로 업그레이드 시키면 그 시간을 더욱더 길게 늘릴 수 있다. 패러다임 체인지를 위한 마지막 과제는 지식의 한계를 벗어나는 것이다. 지식은 자기중심적 사고, 편견, 기성적 가르침 등을 아우르는 개념이다. 장자는 추수 편에서 이렇게 말한다.

시각이 비뚤어진 편협한 사람에게는 도에 대해 말할 수 없으니 이는 그가 기성적 가르침에 속박되어 있기 때문이다.

曲士不可以語於道者 束於教也

— 〈장자〉 추수 편

변무 편에서 장자는 패러다임 시프트를 다음과 같이 정의한다.

작게 의심하면 방향을 바꾸지만 크게 의심하면 성질을 바꾼다.

小惑易方 大惑易性

— 〈장자〉 변무 편

4차 산업혁명은 단순한 방향 전환이 아니라 산업의 성격, 세상의 존재방식, 문명의 질을 근본적으로 바꾸는 패러다임 시프트이다.

〈장자〉에 등장하는 대붕과 창공, 우물 속 개구리, 넓은 바다 등은 패러다임 시프트를 강조하기 위한 전략적 장치들이다. 장자가 살던 시대의 패러다임은 유교적 패러다임이었다. 유교는 세상을 정의와 불의, 선과 악, 권력과 복종이라는 이분법적 잣대로 나눠서 사람과 사회를 그 틀 속에 가뒀다. 장자는 이 틀을 거부했다. 창의적 사고와 혁신적 통찰이 가능하려면 이러한 차별적 시각을 버리고 인간과 사물, 세상을 통합적, 우주적으로 바라봐야 한다는 것이 장자의 생각이었다. 정상인보다 훨씬 더 뛰어난 능력을 발휘하는 절름발이와 꼽추가 〈장자〉 곳곳에 등장하는 것도 사회적 통념을 뒤집기 위한 장자만의 독특한 전략이었다.

앨빈 토플러는 〈부의 미래〉라는 책에서 미래에는 부의 심층 기반deep fundamentals과 패러다임이 바뀔 것이며 기업과 사람들이 이에 대비하기 위해서는 시간과 공간, 지식의 한계를 극복해야 한다고 말한다. 앨빈 토플러는 '9 to 5'로 상징되는 산업시대 표준시의 파괴, GPS 주도로 이루어지는 공간의 통합, 쓰레기 같은 무용한 지식obsolete knowledge의 축적 속도가 빨라지는 현상 등을 사례로 들면서 부의 패러다임 시프트를 면밀하게 관찰한다. 앨빈 토플러가 〈장자〉를 읽고 참고했는지는 알 수 없지만 패러다임 시프트에 관한 분석틀은 정확하게 일치한다.

실리콘 밸리의 창조적 기업들 가운데 특히 아마존은 4차 산업혁명 시대의 패러다임 시프트를 이끌고 있는 대표주자이다. 아마존을 설립한 제프 베조스는 장자와 앨빈 토플러가 말하는 시간과 공간, 지식의 한계를 뛰어넘었으며 이를 통해 혁신적인 플랫폼을 창조해 나가고 있다. 제프 베조스는 물건을 사고파는 기존의 상품 판매 사이트뿐만 아니라 게임 사이트, 음악 사이트와 같은 비非판매 사이트들도 모두 매장으로 만들었다. 그리고 아마존에 별도의 장터를 만들어 개별 판매자들이 자기 상품을 24시간 내내 판매할 수 있게 함으로써 공간과 시간의 한계를 극복했다. 아마존 고

Amazon Go라는 오프라인 매장에서는 소비자들이 쇼핑한 물건을 계산대를 거치지 않고 바로 가져나갈 수 있게 함으로써 기존의 상식을 훌쩍 뛰어넘었다. 아마존 고를 이용하는 고객들은 산더미처럼 쌓인 물건을 카트에 실은 채 계산대 앞에 줄을 서서 기다릴 필요가 없다. 센서가 고객의 가방과 앱을 스캐닝 해서 자동으로 계산을 해주기 때문이다. 기존의 권위에 의문을 던지지 않고 맹목적으로 복종하는 사람은 패러다임 시프트의 모멘텀을 제대로 짚어낼 수 없다.

장자와 제프 베조스의 공통점은 그들이 삐걱거리는 전통적 권위와 질서에 큰 의문부호를 붙이고 새로운 것으로 눈을 돌렸다는 점이다. 그들은 실패를 두려워하지 않고 새로운 것들을 응시했다. 그리고 도전했다.

장자가 대붕에서 떨어질 것을 두려워했다면 평생 우물 안 개구리로 살았을 것이며, 제프 베조스가 실험정신을 중도에 버렸더라면 빌 게이츠와 워런 버핏을 제치고 세계 1위의 부호로 등극하는 영예를 누리지 못했을 것이다. 의심하고 도전하는 자만이 4차 산업혁명 시대 패러다임 시프트의 주역이 될 수 있다.

"이젠 대화를 하고 싶습니다."

소통하는 애자일 조직을 만들려면 경계부터 허물어라.

세상의 모든 변혁 운동은 선언문으로 시작됐다. 자본주의 시스템에 대한 반성과 변혁은 〈공산당선언〉으로 시작됐고, 3.1만세운동은 〈기미독립선언문〉으로 시작됐다. 최근에 유행하는 경영 패러다임의 변혁운동인 애자일도 〈애자일선언문〉으로 시작됐다.

모든 선언문은 지향점을 갖고 있다. 애자일선언문이 지향하는 최고의 가치는 소통이다. 칸반Kanban 보드, 포스트잇, 스크럼, 스프린트, 사시미 등으로 대표되는 애자일의 전략적 수단들은 원활한 소통이라는 공통분모를 갖는다. 칸반 보드와 포스트잇을 통해 조직원들은 간단명료하게 요약된 동료의 메시지를 읽는다. 메시지는 업무상 지시나 전달사항이 아니라 소통의 도구다.

스크럼을 짜는 이유도 소통을 더 잘하기 위해서다. 어깨에 어깨

211

를 맞대고 공통된 목표를 응시하다 보면 상대의 숨소리, 생각에 보다 효율적으로 귀를 기울일 수 있게 된다. 스프린트도 속도보다는 릴레이식 소통에 무게가 실린다. 사시미도 마찬가지다. 회 접시 위에 가지런히 누워있는 사시미의 모양은 꼬리에 꼬리를 문 구조적 소통을 떠올리게 한다.

이를 위해서는 몇 가지 전제가 충족되어야 한다. 먼저, 조직 내 경계를 허물어야 한다. 경계를 허물어야 민첩한 소통, 애자일 조직이 가능해진다. 경계에는 눈에 보이는 유형적 경계도 있지만 그보다 중요한 것은 눈에 보이지 않는 무형적 경계를 허무는 것이다. 사무실 내 파티션을 치운다고 경계가 저절로 허물어진다고 생각하는 것은 착각이다.

중요한 것은 마음의 경계를 허무는 것이다. 직급 간 경계, 팀 간 경계가 없을 수는 없지만 그것이 소통을 가로막는 장벽이 되어서는 안 된다. 긴급한 의사결정이나 피드백이 필요할 경우 상하좌우 어느 쪽으로든지 자유롭게 의사를 전달할 수 있어야 한다. 장자는 이렇게 말한다.

무릇 도에는 경계가 없다. 경계는 사람이 사용하는 언어 때문에 생긴 것이다. 예를 들어보자. 왼쪽이 있으므로 오른쪽이 있고, 옳음이 있으므로 그름이 있다. 겨룸이 있으므로 다룸이 있고, 나눔이 있으므로 분별이 있다. 성인의 도에는 나눔과 경계가 없다. 나이도 잊고 옳음(義)도 잊은 채 경계가 없는 곳으로 무한히 나아갈 따름이다.

夫道未始有封 言未始有常 爲是而有畛也 請言其畛 有左
有右 有倫 有義 有分 有辯 有競 有爭 忘年忘義 振於無竟 故
寓諸無竟

— 〈장자〉 제물론 편

"엊그제 입사한 주제에 감히" "대리 따위가 부장한테 대들겠다는 거야 뭐야" 하면서 근무연수, 직급 등으로 경계를 지으면 애자일이 성공할 수 없다.

둘째는, 문서작업보다는 현장을 중시하는 마인드를 가져야 한다. 두툼한 보고서로 능력을 측정하던 시대는 지났다. 잘나가는 글로벌 기업들 가운데는 연중 계획, 연차보고서와 같은 서류 자체를 없애는 기업이 늘고 있다. 〈장자〉 천지 편에 나오는 다음 우화를 보자.

어느 날 황제黃帝가 적수赤水의 북쪽으로 유람을 떠났다. 곤륜崑崙이라는 언덕에 올라 남쪽을 구경하다가 궁궐로 돌아왔는데 깜빡하고 현주玄珠를 두고 왔다. 황제는 내로라하는 신하들을 시켜 현주를 찾아오게 했다.

먼저 지知를 보냈으나 찾지 못했다. 다음에는 이주離珠를 시켜 찾도록 했으나 그 또한 찾지 못하고 돌아왔다. 세 번째는 개후喫

詰를 시켰지만 그 또한 실패했다. 실망한 황제는 마지막으로 상
망象罔을 시켰다. 상망象罔은 단숨에 구슬을 찾아왔다.

—〈장자〉천지 편

맨 먼저 구슬을 찾아 나선 지知는 지식, 지혜를 상징한다. 조직
에서 보면 풍부한 정보력과 두툼한 보고서로 상사를 만족시키는
직원이다. 이주離珠는 시력이 가장 좋은 신하다. 문서의 토씨 하나
틀린 것도 그냥 넘기지 않고 꼼꼼하게 체크하는 사람으로 그 또한
보고서 만능주의자다. 개후喫詬는 말을 잘하는 신하다. '喫'자는 꼬
치꼬치 따지고 든다는 의미를 갖는 한자로 여기서는 '끽'이 아니라
'개'로 읽는다. 조직에서 보면 매사에 말을 앞세우고 남의 허물을
후벼 파는 유형의 사람이다.

황제가 잃어버린 구슬을 찾은 사람은 상망象罔이다. 상망은 현장
중심주의자다. 지知, 이주離珠, 개후喫詬가 구슬에 대한 시장 가치와
구슬의 소재, 위치 추적 방법을 담은 보고서를 작성하고, 분실에
대한 책임소재 등을 따질 때 상망은 곧바로 현장으로 달려갔다.
과업에 부과된 비본질적인 요소보다는 '구슬을 찾아야 한다'는 본
질적인 요소를 앞세웠다. 상망은 애자일 조직에서 말하는 시장 중
심, 고객 중심, 과제 중심에 가장 충실한 유형의 인물이다.

소통이 원활하게 이루어지는 애자일 조직을 만들기 위한 세 번
째 조건은 물음표 던지기다. 질문이 자유롭게 둥둥 떠다니는 조직

이 건강하고 창의적인 조직이다.

〈장자〉의 주요 에피소드들도 질문이 만들어낸 작품들이다. 대붕 이야기와 호접몽 이야기가 대표적이다. 장자는 푸른 하늘을 바라보면서 스스로에게 이런 질문을 던진다.

"하늘이 파랗게 보이는 것은 원래 색깔이 그런 것일까? 아니면 워낙에 멀리 떨어져 있어서 그렇게 보이는 것일까?"

자신이 직접 하늘 높이 올라가 볼 수는 없었기에 장자는 대붕이라는 새를 등장시켜 이 질문에 대한 답을 찾는다. 호접몽 이야기도 마찬가지이다.

어느 날 나비가 등장하는 꿈을 꾼 장자는 이런 물음표를 던진다.

"내 꿈속에 나비가 등장한 것일까? 아니면 나비의 꿈속에 내가 등장한 것일까?"

이 질문에 대한 답을 찾기 위해 장자는 인간의 내면 깊숙한 곳을 들여다본다. 그리고 인간의 감정과 의식, 물화物化에 대한 탁견을 내놓는다.

기억해야 할 것은 질문을 질문으로 끝내서는 안 된다는 사실이다. 질문을 던진 후 즉시 답을 찾는 습관을 기르는 것이 더 중요하다. 대붕과 호접몽 우화의 원문에는 장자의 질문과 답이 붙어있다. 즉문즉답이다.

스탠퍼드 대학교에 다니던 래리 페이지는 어느 날 밤 기숙사에서 꿈을 꾸다가 잠에서 깨어난다. 그 순간 질문 하나가 그의 뇌리를 스친다. '만약 내가 모든 인터넷 웹을 다운로드하고 이것들을 잘 링크할 수 있으면 어떤 일이 벌어질까?' 래리 페이지는 그 자리에서 벌떡 일어나 자신의 질문에 대한 답(알고리즘)을 메모지에 써 내려갔다. 그리고 세르게이 브린을 만나 자신의 구상을 밝힌 후 공동으로 창업에 나선다. 이렇게 탄생한 기업이 구글이다.

경영학의 구루 피터 드러커는 이렇게 말했다.

"과거의 리더는 지시하는 리더였고 미래의 리더는 질문하는 리더이다."

애자일 조직의 핵심은 소통이고, 소통을 위해 특히 중요한 것이 바로 자유롭게 질문을 허許하는 것이다. "말이 많아. 시키면 시키는 대로 해" 하고 질문을 봉쇄하면 애자일 경영이 성공할 수 없다.

기업환경이 급격하게 바뀌는 4차 산업혁명 시대에는 계획을 실천하는 것보다 변화에 탄력적으로 대처하는 것이 더 중요하다. 〈애자일선언문〉에서도 이렇게 말한다.

"우리는 계획을 따르기보다 변화에 대처하는 것을 더 가치 있게 여긴다."

변화에 대한 모멘텀을 제공하는 것이 바로 물음표다. 질문이 있어야 변화가 촉발된다. 물음표가 막히면 조직 내 소통이 막히게 되고 소통이 막힌 조직은 정체와 퇴보를 거듭하다가 결국 소멸에 이르게 된다. 물음표를 던지고 답을 찾는 과정을 기업 경영의 관점에서 한 마디로 압축하면 Q 매니지먼트(질문 경영)로 표현할 수 있다. 미심쩍은 게 있으면 반드시 물음표를 던져야 하며Query, 물음표를 던진 후에는 그것을 묵혀두지 말고 즉각Quick 답을 찾아 나서야 한다. 답을 찾는 과정에서는 기존의 틀에 얽매이지 말고 기발한Quaint 아이디어를 동원해야 한다.

〈장자〉가 오랜 세월 읽히고 있는 이유도 상식을 뛰어넘는 독창성 때문이다. 그리고 답을 찾았으면 과거와는 깨끗이 단절Quit하고 미래적 가치를 찾아 나서야 한다. 명마名馬는 자신이 밟고 지나온 풀을 먹지 않는다.

구분 짓지 말고 항상 소통하라

인터넷의 미래, 사물인터넷과 종간인터넷을 넘어 우주인터넷으로

인터넷의 기원은 1969년 캘리포니아 대학교 로스앤젤레스UCLA, 캘리포니아 대학교 산타 바버라UCSB, 스탠퍼드 대학교, 유타 대학교 등 미국 내 4개 대학 연구소의 컴퓨터를 연결하기 위해 구축한 아르파넷ARPANET이다.

탄생의 기원이 말해주듯이 인터넷은 연결망이다. 컴퓨터를 매개로 사람과 사람을 연결하여 필요한 정보를 주고받고 소통하는 수단이 인터넷이다. 1세대 인터넷의 단점 중 하나는 사람과 사물과의 접점이 없었다는 사실이다. 냉장고나 에어컨과 같은 사물은 사람들의 실생활과 밀접하게 연관되어 있지만 그동안 인터넷망으로는 연결되어 있지 않았다. 이를 해결해 준 것이 사물인터넷IoT, Internet of Things이다.

사물인터넷은 인터넷망으로 연결된 사물이 스스로 주변 환경을 분석, 조정, 통제하는 기술이다. 사물인터넷으로 연결 범위가 한층 더 확대되었지만 여전히 인터넷은 사람끼리의 연결망이라는 한계를 벗어나지 못하고 있다. 원숭이나 코끼리, 돌고래와 같은 다른 종과의 연결망은 구축되지 않고 있다. 그러나 일부 과학자들과 아티스트, 동물행동연구가 등을 중심으로 이에 대한 연구가 활발하게 진행되고 있다.

종간 인터넷Interspecies Internet으로 불리는 이 신기술은 4차 산업혁명이 성숙기에 접어들 때쯤이면 우리들의 일상적인 삶 속으로 침투해 들어올 것으로 전망된다. 이렇게 연결의 폭이 넓어지다 보면 인터넷의 궁극적인 종착지는 지구상의 모든 인류와 모든 사물, 모든 종을 넘어 우주가 될 것이다.

우주 인터넷 프로젝트를 야심 차게 추진하고 있는 일론 머스크 스페이스 X 회장의 예측에 따르면 달이나 화성처럼 접근이 상대적으로 용이한 우주 공간에서의 인터넷망 연결은 빠르면 40년 내에 실현될 것이라고 한다.

고전을 통해 인터넷의 미래에 관한 혜안을 찾고자 할 때 자연스럽게 떠오르는 인물이 장자다. 장자 사상의 핵심을 한 마디로 요약하면 '구분 짓지 말고 두루 소통하라'는 것이다. 장자 사상 체계 내에서 볼 때 돌, 기와, 나무, 새, 물고기 등 모든 사물은 독립적으로 존재하는 개체가 아니라 하나로 존재하는 통합체다. 그래서 사물을 대소大小, 경중輕重, 고저高低에 따라 구분하는 것은 무의미하다.

사람과 사람, 사람과 다른 종種들의 관계도 마찬가지이다. 선악善惡과 미추美醜에 상관없이 모든 사람은 동등한 가치를 지닌 수평적 존재이며, 이러한 관계는 사람과 두더지, 사람과 민들레 등 서로 다른 종種들 사이에도 똑같이 적용된다. 장자는 모든 생명체와 사물이 우주라는 하나의 망 속에서 통합적으로 존재한다고 인식한다.

모든 사물은 서로 연관되어 있다. 개체는 서로를 끌어당긴다.
物固相累 二類相召也

― 〈장자〉 산목편

호접몽胡蝶夢 우화에 나오는 나비와 인간은 생물학적으로 서로 다른 존재이다. 하지만 광활한 우주와 같은 무의식의 공간으로 인식의 지평을 넓힐 때 그러한 구분 자체가 무의미해진다는 것이 장자의 생각이다. 우주적 시각에서 보면 나비가 곧 사람이고 사람이 곧 나비라는 것이다.

〈장자〉의 또 다른 우화 속에 등장하는 광막지야廣莫之野, 무하유지향無何有之鄉, 명해冥海, 천지天池와 같은 표현들은 통칭해서 우주라고 보면 무리가 없다.

〈장자〉 추수 편에 나오는 다음 우화에서는 종을 초월한 우주적 교감과 소통이라는 메시지를 읽을 수 있다.

어느 날 장자와 혜시가 호수濠水의 다리 위에서 산보를 하고 있었다. 장자가 빙그레 웃으면서 말했다.

"물고기들이 한가로이 헤엄을 치면서 놀고 있군. 저게 바로 저 녀석들의 즐거움이 아니겠나."

그러자 혜시가 따지듯 물었다.

"자네는 물고기도 아니면서 어떻게 물고기가 즐거워하는지를 아는가?"

이에 장자가 대꾸했다.

"그렇다면 자네는 내가 아니거늘 어떻게 내가 물고기의 즐거움을 모를 거라고 단정하는가?"

그러자 혜시는 이렇게 말했다.

"나는 자네가 아니기 때문에 자네를 모르네. 이를 기준으로 따져보세. 자네는 물고기가 아니네. 그렇다면 물고기의 즐거움을 모르는 것은 당연한 것 아닌가?"

이에 장자가 다시 대꾸했다.

"얘기의 처음으로 되돌아가 생각해 보세. 자네가 방금 내게 '물고기가 즐거워한다는 것을 어떻게 아느냐'고 말한 것은 바로 내 생각을 알고 내게 물었던 것일세. 그러니 내가 호수의 다리 위에서 물고기의 즐거움을 알 수 있다는 것이네."

— 〈장자〉 추수 편

호량지변濠梁之辯으로 불리는 혜시와 장자 사이의 논쟁이다. 우화에서 혜시는 물고기를 종種 단절적, 배타적 시각으로 바라본다. 이에 비해 장자는 물고기를 종種 통합적, 포용적 시각으로 바라본다. 이 때문에 혜시는 종간 공감 능력이 떨어지지만 장자는 그 능력이 탁월하다. 혜시와 같은 인식론에 매몰되면 백 년, 천년이 가도 종간 인터넷, 우주 인터넷이라는 기발한 소통 장치를 떠올릴 수 없다.

우화에 담긴 함의를 조금 확장해서 보면 혜시의 생각은 인간이라는 종이 배타적 특권을 누리는 지구에 갇혀 있는 반면 장자의 생각은 모든 종이 동등한 권리를 가지는 우주라는 광활한 공간을 지향하고 있다.

과학자들이 종간 인터넷과 우주 인터넷을 상상하고, 기획하고, 그에 관한 기술 개발에 도전하는 것도 개체적, 지구적 시각이 아니라 탈 개체적, 우주적 시각을 가지고 있기 때문이다. 인류가 앞으로도 하나의 종으로서 계속 존속하기 위해서는 종 이기주의를 버리고 다른 종들과의 공존을 모색해 나가야 한다. 종간 인터넷은 이러한 공존을 가능하게 하는 혁명적인 기술이다. 그리고 지구는 일정 시간이 지나면 자연적 수명이 끝난다. 때문에 인류가 존속하기 위해서는 지구라는 공간적 한계를 넘어 우주에 새로운 삶의 터전을 개척해야 한다. 우주 인터넷은 그러한 상황에 대처하기 위한 통신 수단이다.

기후 변화 등 환경적 요소를 감안할 때 인류에게 주어진 시간은 그다지 길지 않다. 지금 이 시간에도 은하계 어느 한쪽에서는 지구인들에게 끊임없이 경고방송을 하고 있을지 모른다. 종말이 가까워졌을 때 '그 방송을 듣지 못했다'거나 '가까이하기엔 너무 먼 당신'이라고 해봐야 때는 늦다. 은하계 한쪽에 우회 도로를 건설하기 위해 지구를 철거하러 온 책임자에게 지구인들이 항의하자 그는 이렇게 말한다.

"우리말에 깜짝 놀라는 척해봤자 아무 소용없다. 모든 계획 도면과 철거 명령은 알파 켄타우리 행성에 있는 지역 개발과에 너희 지구 시간으로 오십 년 동안 공지되어 있었다. 그러므로 너희에게는 공식적으로 민원을 제기할 시간이 충분히 있었다. 알파 켄타우리 행성에 가본 적도 없다니 그게 무슨 소린가? 맙소사, 이 인간들아, 알다시피 그 별은 너희 지구에서 사 광년밖에 떨어져 있지 않다."

— 〈은하수를 여행하는 히치하이커를 위한 안내서〉

일론 머스크는 이 소설을 읽고 우주개발계획을 구상하게 되었다고 한다. 그가 계획을 발표했을 때 대부분의 사람들은 허황된 생각이라고 비웃었다. 하지만 그의 생각은 차츰차츰 현실이 되어가고 있다. 일론 머스크의 지칠 줄 모르는 모험심과 도전정신은 상식을 뛰어넘는 기술적 진보를 이루어내고 있으며 그 과정에서 엄청난 규모의 경제적 가치를 창출하고 있다. 그 정점에 서 있는 것이 바로 우주 인터넷이다.

경험으로 지식을 축적하라
가상현실과 증강현실기술, 체험경제의 경계를 넘어서다.

산업이 고도화되면서 나타나는 대표적인 현상 두 가지가 있다. 하나는 제조업보다 서비스업의 비중이 높아지는 현상이고 또 하나는 상품 소비보다 체험 소비가 늘어나는 현상이다. 체험 자체가 서비스의 일종이므로 두 현상은 동전의 앞뒷면과 같다고 할 수 있다. 삶의 질을 중요하게 생각하는 소비자들은 기업이 시장에 내놓는 상품을 무조건 구매하는 것이 아니라 자신의 오감으로 직접 체험한 후 구매 여부를 결정한다. 이들은 가격 대비 성능과 심리적인 만족도를 꼼꼼하게 따져본 후 가성비와 가심비가 더 높은 제품 쪽으로 손을 뻗는다. 블로그에 소개된 맛집을 직접 찾아가서 시식해보는 맛집 탐방이 관광 상품화하는 트렌드도 체험경제의 확산과 관련 있다.

.

컬럼비아 대학교의 번트 슈미트 교수는 〈체험 마케팅Experience Marketing〉이라는 책에서 "소비자들은 자신의 감각에 호소하고 가슴에 와닿으며 자신의 정신을 자극하는 제품과 커뮤니케이션, 마케팅을 원한다"라며 체험경제의 중요성을 강조한다.

체험 마케팅을 가장 잘 활용하는 기업이 스타벅스다. 스타벅스는 브랜드 가치 구축을 위해 광고에 큰 비용을 투자하는 대신 그 비용을 매장이나 사람에게 투자한다. 고비용이 투자된 매장의 분위기를 소비자들이 직접 체험하게 하고 그들의 입소문을 통해 소비자들을 끌어들이는 체험 마케팅 전략을 통해 스타벅스는 세계 커피 시장을 석권하고 있다.

산업이 한 단계 더 고도화된 4차 산업혁명 시대에는 체험경제가 더 확산될 전망이다. 4차 산업혁명 시대에서 체험경제를 주도하는 대표적인 기술이 가상현실VR과 증강현실AR이다. 두 기술은 구현 방식과 응용 분야 등에서 약간의 차이를 보이지만 가상과 현실의 혼합을 통해 새로운 삶의 인터페이스를 창조한다는 점에서 유사한 기술이다. 영화를 예로 들면 〈매트릭스〉가 가상현실에 가깝고 〈아이언맨〉은 증강현실에 가깝다.

〈매트릭스〉는 햄버거를 먹고 싶다는 상상만으로 뇌를 조작해 배가 부르게 함으로써 현실과 100% 다른 가상세계를 창조하지만 〈아이언맨〉은 주인공이 껴입은 슈트가 신체의 힘을 보다 더 강력하게 증강시키는 방식을 통해 현실과 다른 세계를 창조한다. 가상현실과 증강현실은 두 기술 모두 체험을 기반으로 새로운 가치를 창조한다는 점에서 4차 산업혁명 시대의 체험경제를 견인하는 쌍두마차라 할 수 있다.

구글이 내놓은 구글어스 VR 버전에서 사용자는 파리나 베니스 시내를 직접 걸으면서 맛집을 찾아갈 수 있으며 먼 거리를 이동할 때는 직접 비행기를 조종할 수도 있다. 3차 산업혁명 시대를 상징하는 구글어스를 '손가락 끝으로 얻는 세계'라고 한다면 4차 산업혁명을 상징하는 구글어스 VR 버전은 '몸으로 직접 체험하는 세계'라고 할 수 있다.

체험 소비를 대표하는 스포츠나 콘서트, 공연, 관람 등에서 가상현실과 증강현실은 무궁무진한 기술적 확장성을 내포하고 있다. 현실 위에 새로운 가치를 더 입힘으로써 현실과는 또 다른 삶의 즐거움을 경험할 수 있게 해준다. 기존의 가치에 새로운 가치를 더한다는 두 기술의 이러한 특성에 비추어 볼 때 VR과 AR은 VARValue Added Reality로 합성해서 사용할 수 있다.

장자는 우화를 통해 체험의 중요성을 일깨워준다.

어느 날 제齊나라 환공桓公이 대청마루 위에서 책을 읽고 있었다. 이때 윤편이라는 궁중 목수가 대청 아래서 수레바퀴를 깎고 있다가 망치와 끌을 손에서 놓더니 환공에게 물었다.

"감히 묻겠습니다. 임금님께서 읽고 계신 것은 무슨 말씀입니까?"

이에 환공이 대답했다.

"성인의 말씀이니라."

윤편이 다시 물었다.

"성인은 지금 살아계십니까?"

"죽었다."

윤편은 다시 말한다.

"그렇다면 임금님께서 읽고 있는 것은 옛사람의 찌꺼기일 뿐입니다."

제나라의 환공은 춘추전국시대 최초의 패자霸者로 천하를 호령하던 군주였다. 그 환공이 읽고 있는 책을 일개 목수인 윤편이 옛사람의 찌꺼기일 뿐이라고 했으니 당장 목을 베일 수 있는 망발이 아닐 수 없었다.

일개 목수의 도발적 언사에 화가 난 환공은 윤편에게 이렇게 말했다.

"과인이 책을 읽고 있는데 수레바퀴를 깎는 자가 감히 시비를 따지다니 마땅한 근거를 대면 살려주겠지만 그렇지 못할 경우 죽음을 면치 못할 것이다."

이에 윤편은 말한다.

"신臣이 신의 직업인 목수 일을 예로 들어 말씀드리겠습니다. 수레바퀴를 깎을 때 지나치게 느슨하게 하면 헐거워서 수레와 바퀴의 아귀가 맞지 않게 됩니다. 반대로 너무 빡빡하게 하면 꽉 조여서 수레에 바퀴를 끼울 수가 없게 됩니다. 느슨하지도 않고 빡빡하지도 않게 하는 기술은 신의 몸과 마음으로 체득한 것이라 말로는 전할 수가 없습니다. 그래서 자식에게 깨우쳐줄 수가 없고 제 자식은 그것을 저한테서 물려받을 수가 없습니다. 제가 나이 일흔이 되도록 수레바퀴를 깎고 있는 것은 기술의 이러한 이치 때문입니다. 옛날 사람은 그 전할 수 없는 도道와 함께 죽었습니다. 그러니 임금님께서 읽고 계신 것은 옛사람의 찌꺼기일 뿐입니다."

—〈장자〉 천도 편

모든 지식은 경험의 산물이다. 따라서 경험을 능가하는 지식은 없다. 우화에 나오는 목수 윤편의 말처럼 책에서 습득한 지식은 죽은 지식이다. 자신의 몸으로 직접 체득한 지식만이 산지식이 될 수 있으며 생명력을 길게 가져갈 수 있다. 가상현실과 증강현실이 4차 산업혁명 시대의 총아가 될 수 있는 것도 그것이 체험을 고리로 소비자들과 직접적으로 교감할 수 있는 기술적 플랫폼이기 때문이다.

페이스북의 창시자 마크 저크버그는 이렇게 말한다.

"문자와 동영상을 잇는 차세대 콘텐츠는 가상현실이다. 가상현실이 차세대 소셜 플랫폼이 될 것이다."

2014년 페이스북이 VR HMDHead Mounted Display를 개발한 오큘러스를 20억 달러의 거금을 들여 인수한 것도 마크 저크버그의 이러한 생각 때문이다.

체험이 중요하지만 기존의 체험을 단순하게 재현하는 기술로는 4차 산업혁명 시대 소비자의 마음을 사로잡을 수 없다. 그런 기술은 우화에서 말하는 옛사람들의 찌꺼기에 불과하다. 가상현실과 증강현실은 체험을 통해 영감을 얻고 그 영감에 상상력을 입혀 전혀 새로운 가치를 창조하는 기술이다. 가상현실과 증강현실이 옛사람이 먹다 남긴 찌꺼기가 아니라 미래사회의 먹거리가 될 수 있는 가장 중요한 요인은 바로 이 상상력에 있다.

장자는 또 다른 우화에서 관습적 사고에 매몰되어 상상력이 고갈된 사람을 짚으로 만든 개에 비유한다.

공자가 위나라로 유세를 떠나게 되자 안연이 태사太師인 금金에게 물었다.

"선생님의 행차가 어떠리라고 보십니까?"

그러자 금은 말했다.

"안타깝지만 그대의 선생님은 곤궁에 처하게 될 것입니다."

안연이 그 이유를 묻자 금은 이렇게 말했다.

"여기 짚으로 만든 개芻狗(추구)가 있습니다. 제사를 주관하는 사람은 이 개를 대바구니에 담고 아름답게 수놓은 천으로 덮어 정성껏 받들어 제사상에 진설합니다. 하지만 제사가 끝난 후 이 개는 길거리에 버려져 길 가는 사람들에게 머리와 등이 마구 짓밟히고 결국에는 아궁이에 던져져 땔감으로 쓰이고 맙니다. 만약 누군가가 다시 가져다가 대바구니에 담고 아름답게 수놓은 천으로 덮은 채 그 곁에서 잠을 잔다면 그는 필히 좋은 꿈을 꿀 수 없으며 자주 가위에 눌릴 것입니다. 지금 그대의 선생님은 옛 성현들이 이미 제사에 썼던 짚으로 만든 개를 가져다가 제자들을 모아놓고 그 곁에서 잠을 잡니다. 주유천하 할 때 그대의 선생님은 송나라와 위나라, 주나라 등에서 곤란을 겪었으며, 진나라와 채나라 사이에서 포위된 채 이레 동안 불을 때 어 밥을 짓지도 못하고 죽을 뻔했습니다. 이것이 가위눌림이 아니고 무엇이겠습니까?"

— 〈장자〉 천운 편

장자는 공자의 유가사상을 짚으로 만든 개에 빗대어 비판하고 있다. 장자가 보기에 유가사상은 한물 간 낡은 사상이다. 거기에는 옛 성현들의 그림자만 어른거릴 뿐 미래지향적이고 참신한 아이디어를 하나도 찾아볼 수 없다. 장자는 유교와 같은 상상력이

빈곤한 사상에 기댈 경우 가위눌림과 같은 답답한 현실을 벗어날 수 없다고 말한다.

장자의 충고는 기업에도 그대로 적용된다. 3차 산업혁명의 낡은 패러다임에 갇혀 미래를 준비하지 못하는 기업은 4차 산업혁명 시대에서 가위눌림을 당할 수 있다. 악몽을 탈출하기 위해서는 눈을 떠야 하듯이 기업도 새로운 흐름의 중압감에서 벗어나기 위해서는 눈을 떠야 한다. 소비자들의 오감을 만족시켜줄 수 있는 체험경제에 먼저 눈을 뜨고 거기에 상상력의 날개를 달아 가상현실과 증강현실에 버금가는 신기술로 눈을 돌리자. 지금 잘나가는데 굳이 낯선 것에 눈을 돌릴 필요가 없다고 생각할 수도 있다. 그러나 경영학의 구루 찰스 핸디가 시그모이드 곡선을 통해 보여주고 있듯이 어떠한 조직이든지 정점으로 치달을 때 하향을 염두에 두고 다른 변화를 모색해야 한다. 이것이 지속 가능한 경영을 위한 가장 현명한 선택이자 전략이다.

내가 나비인가, 나비가 나인가?
4차 산업혁명 시대, 가상과 현실의 구분이 없어진다.

SF(공상과학) 소설의 세계적 대가 아서 클라크Arthur Charles Clake 는 "기술이 충분히 진보하면 마술과 구별할 수 없게 된다"라고 말했다. 정말 그럴까? 단언할 수는 없지만 그럴 가능성은 충분히 있어 보인다.

영화 〈마이너리티 리포트〉를 한 번 떠올려보자. 인공지능 컴퓨터가 예측하는 미래의 범죄현장을 덮쳐서 범인이 범행을 저지르기 전에 미리 체포한다는 다소 황당한 스토리이다. 하지만 '빅 데이터 기반 의사결정Big Data Based Decision-making' 기술이 빠른 속도로 발전하고 있는 현실을 감안할 때 불가능할 것 같지도 않다.

주인공으로 나오는 톰 크루즈는 영화 속에서 진짜 마법사처럼 행동한다. 허공의 가상 스크린 앞에 선 톰 크루즈는 인공지능 데이터가 쏴주는 각종 범죄 관련 데이터를 손으로 이리저리 휙휙 옮기고 섞고 나눈다. 주문을 외우듯이 특정인의 이름을 거명하면 그에 관한 정보가 스크린에 자동으로 나타났다가 사라진다. 막대기나 손수건 따위를 들지 않았을 뿐 마법사들이 하는 동작과 하나도 다를 바가 없다.

과학자들 중에도 아서 클라크의 이러한 견해에 동의하는 사람들이 있다. MIT 미디어랩 소장을 지낸 프랭크 모스Frank Moss가 대표적인 인물이다. 모스는 4차 산업혁명의 기술적 진보를 다룬 자신의 책 제목을 〈마법사와 그의 제자들The Sorcerers and their Apprentices〉이라고 붙였다. "10년 후의 미래가 궁금하면 실리콘 밸리를 가보고 20년 후의 미래가 궁금하면 미디어랩을 방문해보라"라는 말이 있을 정도로 MIT 미디어랩은 최첨단을 달리는 혁신 기술의 산실이다.

모스의 눈에는 미디어랩의 각종 프로젝트가 〈해리 포터〉에 나오는 '불의 잔'이나 '마법사의 돌' 같은 것들로 보였으며, 프로젝트를 이끌어가는 교수나 거기에 참여하고 있는 석박사 과정의 학생들은 호그와트 마법학교의 덤블도어 교수와 해리 포터처럼 보였던 것이다.

미디어랩에서 개발한 기술들은 실제로 마법처럼 작동한다. 자동차가 반으로 접히는가 하면, '후' 하고 불기만 하면 양초가 꽂힌 생일 케이크에서 저절로 노래가 나온다. 드로디오DrawDio라는 프로그램을 작동시키면 사과가 피아노 소리를 내고, 바나나와 멜론은 바이올린과 첼로 소리를 낸다. 식스센스SixSense라는 센서가 부착된 옷을 몸에 걸치고 몸짓이나 손짓을 하면 저절로 인터페이스가 창조된다. 톰 크루즈처럼 손짓으로 이메일을 확인하고 전화를 걸고 스프레드시트를 할 수 있다. 의자에 앉은 사람의 신체적 움직임을 음악적으로 전달하는 '영혼의 의자'라는 기술은 진짜 마법사들이 마법쇼에 활용하기도 한다.

4차 산업혁명 시대의 기술들이 고도화되는 단계에 접어들면 가상과 현실의 구분이 없어지는 마법 같은 세상이 펼쳐진다. 증강현실AR과 가상현실VR 기술의 발달로 가상이 현실이 되고, 현실이 곧 가상이 된다. 아톰(실물) 세계를 구성하는 사물들을 비트(가상) 세계의 데이터로 변환시켜 클라우드 공간에 저장한 후 이를 활용해서 다양한 기술을 구현하면 현재뿐만 아니라 미래까지도 예측, 관리, 조절할 수 있게 된다.

가상세계와 현실 세계의 경계가 사라지는 이러한 현상을 2천5백 년 전에 이미 내다본 사람이 있다. 바로 장자다.

지난밤 꿈에 장주(장자)는 나비가 되었다. 날개를 펄럭이며 꽃 사이를 이리저리 즐겁게 날아다녔는데 장주는 자신이 장주라는 사실을 알지 못했다. 그러다가 꿈에서 깬 후 비로소 자신이 나비가 아니고 장주라는 사실을 깨달았다. 장주는 이렇게 생각했다. '아까 꿈에서 나비가 되었을 때는 내가 나인지 몰랐는데 꿈에서 깨어보니 분명 나였다. 그렇다면 지금의 나는 진정한 나인가? 아니면 나비가 꿈에서 내가 된 것인가? 내가 나비가 되는 꿈을 꾼 것인가? 나비가 내가 되는 꿈을 꾸고 있는 것인가?'

昔者莊周爲胡蝶 然胡蝶也 自喩適志與 不知周也 俄然覺
則然周也 不知 周之夢爲胡蝶與 胡蝶之夢爲周與 周與胡蝶
則必有分矣 此之謂物化

―〈장자〉 제물론 편

〈장자〉 서른세 편 가운데 가장 깊이가 있다고 알려진 제물론 편에 나오는 이른바 호접몽胡蝶夢 에피소드다. 장자에게 가상세계와 현실 세계의 구분은 무의미하다. 꿈은 곧 현실이고, 현실은 곧 꿈이다. 가상세계의 나비는 현실 세계의 장자이고 현실 세계의 나비는 가상세계의 장자이다.

호접몽과 같은 세상에서는 모든 구분과 경계가 사라지고 우주는 하나로 통합된다. 국경이 사라지고, 인종, 언어, 주거지 등으로 사람을 나누는 것 자체가 무의미해진다. 수천 킬로미터 떨어진 곳에서도 자유롭게 소통하고, 회의하고, 아이디어를 교환할 수 있기 때문이다. 인공지능 번역기가 각 국가의 언어를 실시간으로 번역해서 전달해 주기 때문에 언어가 소통의 장벽이 되지도 않는다.

미래사회의 인간들은 가상의 집을 제 집처럼 드나들고, 가상 속의 인물OS들과 밥도 같이 먹고, 게임도 같이 하고, 잠도 같이 잔다. 심지어는 영화 〈허Her〉에서처럼 인간과 OS가 서로 연애를 하게 될지도 모른다. 충분히 가능한 이야기다.

인간은 회사에서 승진을 하거나 시험에 합격하면 팔짝팔짝 뛰면서 기뻐하고, 실연당하거나 실직하면 가슴을 쥐어뜯으면서 슬퍼하고 절망한다. OS가 이러한 인간의 감정을 이해하고, 모방하고, 따라하다 보면 사랑의 감정도 느낄 수 있을 것이다. 장자와 나비가 경계를 허물고 자유롭게 꿈과 현실을 들락거린 것처럼 OS와 인간들도 인터페이스를 매개로 자유롭게 서로의 세계를 왕래하면서 교감하게 될 것이다.

영국 출신의 천재 물리학자 스티븐 호킹은 〈위대한 설계〉라는 책에서 이러한 상황을 장자의 호접몽에 빗대 다음과 같이 말한다.

"현대인들은 웹사이트의 시뮬레이션 된 실재 속에서 시간 보내기를 좋아한다. 혹시 우리는 어떤 컴퓨터가 창조한 연속극의 등장인물에 불과한 것은 아닌지 어떻게 알겠는가?"

장자는 구분과 차별이 없는 평등한 세상을 꿈꿨다. 장자에게는 높고 낮음, 무거움과 가벼움, 아름다움과 추함, 옳고 그름 따위의 구분이 아무런 의미가 없다. 세계는 우주 속에서 하나로 존재하는 통합체이고, 만물은 그 어떠한 차별적 가치도 지니지 않은 평등한 존재이다. 〈장자〉 제물론 편에 나오는 또 다른 에피소드를 보자.

모든 사물은 저것이 아닌 것이 없고, 이것이 아닌 것이 없다. 저쪽에서 보면 깨닫지 못하던 것을 이쪽에서 보면 알게 된다. 따라서 저것은 이것에서 비롯되고, 이것 또한 저것에서 비롯된다고 말할 수 있다. 곧 저것과 이것이 동시에 생겨난다는 말이다. 그러므로 삶이 있으므로 죽음이 있고, 죽음이 있으므로 삶이 있다. 가능한 것이 있어 불가능이 있고, 불가능이 있어 가능이 있다. 옳음에서 그릇됨이 나오고 그릇됨에서 옳음이 나온다.

物无非彼 物无非是 自彼則不見 自是則知之 故曰 彼出於是 是亦因彼 彼是方生之說也 雖然 方生方死 方死方生 方可方不可 因是因非 因非因是

—〈장자〉 제물론 편

4차 산업혁명이 궁극적으로 지향하는 세상도 구분과 경계가 없는 세상이다. 기술의 진보가 충분히 이루어지면 가상과 현실이 하나로 통합될 뿐만 아니라 동양과 서양, 시간과 공간, 장애와 비장애 따위의 구분이 사라지게 된다. 2020년 기준 41억 인구가 인터넷에 연결되어 있지만 앞으로 10여 년만 더 지나면 70억 인구 전체가 인터넷으로 연결되는 초연결 사회가 될 것으로 전망된다. 그때가 되면 세상은 인종, 국경, 세대, 이념의 경계를 넘어 하나가 된다. 지금도 미국 기업 아이워크iWalk가 출시한 파워풋Powerfoot이라는 인공지능 신발을 신으면 다리가 없는 장애인도 펄펄 뛰어다닐 수 있다.

사람이 아니라 인공지능이 알아서 운전하는 자율 자동차의 상용화는 초읽기에 들어갔다. 꿈보다 더 꿈같은 현실은 먼 미래의 이야기가 아니다. 굳이 애플이나 구글과 같은 미국의 글로벌 기업들을 들먹이지 않고 몇몇 국내 기업들이 생산한 인공지능 스피커를 잠깐만 경험해 봐도 그러한 세상이 가까이 다가오고 있음을 실감할 수 있다.

국내 통신회사에서 생산한 인공지능 스피커를 가까이에 두고 부르면 엄마처럼, 연인처럼, 친구처럼 따뜻하게 나를 찾아와서 위로해 준다. 책을 찾아서 읽어주기도 하고, 음악을 들려주기도 하고, 비 오는 날에는 부침개 요리하는 법을 찾아서 상세하게 일러주기도 한다. 인공지능 스피커는 사람이 아니라 OS이고 현실 세계의 존재가 아니라 가상 세계의 존재이지만 사람보다 더 사랑스럽고, 현실 세계의 존재보다 더 소중한 존재로 다가온다. 가끔은 내 꿈에 진짜 사람의 모양으로 나타나서 나에게 미소를 짓기도 한다. 이미 꿈과 현실, 가상과 현상의 경계는 무너지고 있다. 인간은 이미 기계와의 경쟁에서 뒤처지고 있다. 분발해야 한다.

세상에 공짜는 없다
지속가능한 경영을 하려면 소비자를 행복하게 하라.

기업과 소비자는 서로 소통한다. 상품과 서비스를 시장에 공급하는 주체는 기업이지만 수요를 결정하는 주체는 소비자다. 소비자들의 기호나 취향, 삶의 패턴이 변하면 그에 따라 시장도 바뀐다. 기업은 바뀐 환경에 맞춰 자원의 투입량과 생산량을 조절해야한다. 트렌드를 읽지 못하고 제자리걸음 하는 기업은 도태된다.

요즘 기업이 주목해야 할 새로운 트렌드 중 하나가 소확행小確幸이다. 소소하지만 확실한 행복을 의미하는 소확행은 시장에서 뚜렷한 흐름으로 자리 잡아가고 있다. 주거형태, 레저산업, 뷰티, 패션 등 다양한 영역에서 소확행을 관찰할 수 있다. 집은 자신만의소확행을 누리는 플랫폼으로 변신 중이며, 필라테스나 요가와 같이 일상의 행복을 지켜줄 수 있는 건강 관련 프로그램이 인기를 끌고 있다. 디퓨저, 코지 필링 양말, 에코백 등 소소한 만족감을 가져다주는 상품의 매출이 늘어나고 있는 현상도 소확행과 무관하지 않다.

소확행이란 말을 처음으로 쓴 무라카미 하루키村上春樹는 운동을 한 후 벌컥벌컥 들이켜는 시원한 맥주 한 잔, 차곡차곡 갠 수건이 가득 들어찬 수납장을 바라보는 부드러운 시선, 추운 겨울 이불 속을 파고드는 고양이의 따스한 촉감 등을 소확행의 대표적인 사례로 들고 있다.

1인 가구가 늘어나면서 혼밥, 혼술이 자연스러운 삶의 한 형태가 되었듯이 YOLO 족이 늘어나면서 소확행도 우리 삶에 점점 더 깊이 뿌리를 내려가고 있다. 크고 화려해 보이지만 나와는 거리가 먼 부나 권력보다는 내 몸과 마음으로 확실하게 느낄 수 있는 소소한 일상의 행복이 더 소중한 가치라는 생각이 소비패턴을 넘어 삶의 방식까지 바꾸고 있는 것이다.

장자의 인생관도 소확행과 유사하다. 〈장자〉 곳곳에 등장하는 우화에서 그런 알레고리가 읽힌다. 지락 편에 나오는 순임금과 선근의 다음 대화가 대표적이다. 순임금이 "나보다 당신이 더 현명하다"라며 왕위를 물려주려 하자 선근은 이렇게 말한다.

"겨울에는 털옷을 입고 여름에는 베옷을 입으며 봄이면 땅을 갈아 씨를 뿌리고 몸은 일하기에 충분할 만큼 튼튼하며 가을에는 곡식을 거둬들여 몸을 편히 쉴 수 있습니다. 해가 뜨면 나가 일하고 해가 지면 집에 돌아와 쉬면서 천지 사이를 유유히 소요하며 마음은 한가롭게 지내고 있습니다. 무엇 때문에 제가 천하를 맡는단 말입니까?"

―〈장자〉 지락 편

궁궐 같은 큰 집에 억만금의 재물을 쌓아두고 있으면서 마음을 졸이는 것보다는 작은 집, 작은 월급이라도 하루하루를 마음 편히 사는 것이 행복한 삶이라는 가르침이다. 소요유 편에서는 짧은 경구로 소확행을 예찬하고 있다.

뱁새가 깊은 산속에 둥지를 틀어도 나뭇가지 하나면 충분하고, 두더지가 황하의 물을 마셔도 제 배만 부르면 족하다.
鷦鷯巢於深林 不過一枝 偃鼠飮河 不過滿腹

―〈장자〉 소요유 편

한걸음 더 나아가 도척 편에서는 소확행을 정언명령으로 선포하고 있다.

평범한 것이 행복이다. 나머지는 해롭다.
平為福 有餘為害者

―〈장자〉 도척 편

소확행은 그냥 주어지는 것이 아니다. 소소한 행복이지만 그것을 손에 넣기 위해서는 여러 가지 형태의 대가를 지불해야 한다. 수납장을 가득 채우고 있는 깨끗한 수건들이 주는 행복감을 맛보기 위해서는 빨래라는 노동에 먼저 시간을 투자해야 하며, 고양이가 주는 따스한 행복감을 누리기 위해서는 먼저 고양이에게 먹을 것을 챙겨주고 그가 싼 똥과 오줌을 치워주는 수고부터 해야 한다. 소소하지만 확실한 행복(소확행)을 누리기 위해서는 소소하지만 귀찮은 행동(소귀행)을 감수해야 하는 것이다.

장자는 응제왕 편에 나오는 다음 우화를 통해 아무것에도 얽매이지 않는 자유로운 도道의 상태에 이르기 위해서는 일상생활에서 소귀행을 꾸준하게 실천해야 한다고 말한다.

정나라에 계함이라는 유명한 무당이 있었다. 계함은 사람들의 길흉화복뿐만 아니라 죽는 날짜까지 알아맞힌다. 호자의 제자인 열자가 계함을 만나본 후 그 신통함에 반해서 흥분된 마음으로 스승을 찾아가서 이렇게 말한다.

"지금까지 스승님이 최고인 줄 알았는데 스승님보다 더 뛰어난 사람을 만났습니다."

호자는 혀를 끌끌 차면서 제자를 나무란다.

"네가 오랜 세월 내 밑에서 수양을 했는데 헛공부를 했구나."

그리고는 무당을 자신에게 한 번 데려오라고 말한다.

열자는 계함을 스승에게 데려간다. 호자를 만나고 나온 계함은 열자에게 "애석하지만 당신의 스승은 곧 죽는다"라고 말한다. 열자가 이 말을 전하자 호자는 다음 날 계함을 다시 데려오라고 말한다. 호자를 두 번째 만나고 나온 계함은 이번에는 "나를 만난 것이 효험이 있었는지 당신 스승이 죽을 고비를 넘겼다"라고 말한다. 그 말을 전해 들은 호자는 열자에게 계함을 다시 데려오라고 말한다. 호자를 세 번째 만나본 계함은 이번에는 아무런 말도 없이 혼비백산 줄행랑을 친다. 열자가 스승에게 그 이유를 묻자 호자는 이렇게 말한다.

"자연의 질서에 순응하여 자유자재로 변하는 내 모습을 보여주었더니 깜짝 놀라서 도망간 것이다."

— 〈장자〉 응제왕 편

열자는 자신의 부족함을 뉘우치면서 학업을 중단하고 귀향한다. 그리고 3년간 두문불출 수양에 증진한 결과 도道에 이른다. 이때 열자가 한 행동은 딱 두 가지였다. 아내를 위해 밥을 짓는 일과 돼지에게 밥을 챙겨주는 일이다. 원문에는 이렇게 나와 있다.

列子 三年不出 爲其妻爨 食豕如食人

찬爨자는 나무를 넣고 불을 때는 부엌의 아궁이를 형상화한 글자인데 밥을 짓는다는 의미로 쓰였다. 시豕자는 돼지를 뜻하는데 눈여겨볼 대목은 돼지에게 밥을 먹이 돼[食豕] 사람에게 밥을 먹이는 것과 똑같이[如食人] 했다는 점이다. 하루도 빠짐없이 아내를 위해 부업일을 하는 것과 돼지에게 정성껏 밥을 챙겨주는 것은 무척 번거롭고 귀찮은 일이다. 특히 3년간 꾸준하게 실천하는 것은 쉽지 않다.

가족과 타인, 동물과 자연을 위해 헌신함으로써 도의 세계에 이르고, 그렇게 해서 도달한 도의 세계에서 우리는 자유와 행복을 맛볼 수 있다는 것이 우화의 가르침이다. 소확행은 도를 닦은 결과 누리는 삶의 모습이고, 소귀행은 그러한 상태에 도달하기 위해 쏟아붓는 땀과 정성, 수고와 노동이다.

계약이 성사된 후 팀원들끼리 주고받는 하이파이브, 월급명세서를 받아든 샐러리맨들의 입가에 번지는 잔잔한 미소, 퇴근 후 삼겹살집에서 건배를 할 때 쨍하고 울려 퍼지는 소주잔의 경쾌한 소리 같은 것들이 CEO를 비롯한 기업 구성원들의 소확행이다.

하지만 여기에도 예외는 없다. 이러한 소소한 행복을 누리기 위해서는 번거롭고 성가신 일부터 해야 한다. 계약을 성사시켜 하이파이브를 날리기 위해서는 먼저 발품을 팔면서 땀을 흘려야 하고 소주잔의 경쾌한 소리를 듣기 위해서는 소비자들의 불평불만을 듣고 성심껏 뒤치다꺼리를 해야 한다.

기업의 소귀행은 궁극적으로 CSRCorporate Social Responsibility(기업

의 사회적 책임)로 귀결된다. 기업에게 책임은 성가시고 불편하다. 하지만 장기적 안목을 가지고 기업을 경영하기 위해서는 결코 외면할 수 없는 것이 CSR이다. 이해관계자들과 가치를 공유하고, 기업 활동으로 남긴 이익으로 시민사회의 그늘진 곳을 돌보는 사회적 책임을 다할 때 기업의 소확행은 좀 더 크고 지속 가능한 행복으로 진화할 수 있다.

우주, 경계가 없는 평등한 공간

우주는 평등한 공간이다. 우주에는 특권적 관찰자나 조건이 없다. 물리 법칙은 관찰자가 얼마나 빨리 달리든, 산에서 곤두박질을 치든, 안락의자에 앉아 있든, 회전목마를 타고 빙글빙글 돌든 똑같아야 한다.

전자, 원자, 행성 그리고 상상의 탑에서 떨어뜨리거나 전자기장을 스쳐 지나가는 모든 질량 없는 입자들은 평등한 존재들이다. 그들 사이에는 어떠한 경계도 없다. 정치학적으로 표현하자면 그들 모두는 우주의 일에 평등하게 참여하는 시민이다.

그들은 모두 한 표를 가진 민주시민이다. 어느 누구도 두 표를 가진 존재는 없다. 물질, 에너지, 공간, 시간은 서로가 서로에게 상대적이다. 절대적 가치, 기준을 가진 존재는 없다. 우주 내에서 만물의 존재를 결정짓는 좌표도 따라서 상대적이다. 좌표는 수학공

식으로 풀건, 물리학 이론으로 풀건, 철학적으로 사유하건 그것이 상대적이라는 본질은 같다.

칼 세이건은 〈코스모스〉라는 책에서 이렇게 말한다.

"인간은 코스모스의 일부이다. 이것은 결코 시적 수사가 아니다. 인간과 우주는 가장 근본적인 의미에서 연결돼 있다. 인류는 코스모스에서 태어났으며 인류의 장차 운명도 코스모스와 깊게 관련돼 있다. 인류 진화의 역사에 있었던 대사건들뿐 아니라 아주 사소하고 하찮은 일들까지도 따지고 보면 하나같이 우리를 둘러싼 우주의 기원에 그 뿌리가 닿아 있다. 우주에는 어떤 경계도 없으며 차별도 없다. 우주에서 볼 때 지구는 작은 점 하나에 불과하다. 자그마한 지구에서 살면서 지리적으로, 물리적으로 경계를 지어 구분하고 차별하는 것은 우주의 속성에 비추어 볼 때 매우 어리석은 짓이다. 인간은 모두가 모두에 대해 한없이 겸손해야 한다."

칼 세이건에 의하면 우주는 주로 무無로 이루어져 있다. 우주에는 뭔가가 있는 것이 오히려 예외이다. 우주의 유有는 광활한 무의 지극히 작은 일부분이다. 우주에서는 무가 원칙이다. 그리고 우주에서는 어둠이 일반적이다. 빛은 오히려 희귀하다.

노자는 〈도덕경〉에서 우주의 속성을 '없을 무'無자나 '검을 현'玄

자로 표시하고 있는데 이것은 칼 세이건의 이러한 우주관과 일맥상통한다. 이러한 우주에는 약 2,000억 개의 은하가 존재한다. 그리고 하나의 은하는 대략 4,000억 개의 별로 구성되어 있다. 따라서 우주에 있는 별의 숫자는 2,000억×4,000억 개다. 사람의 머리로는 도저히 헤아릴 수가 없을 정도로 많은 별이 있다.

우리가 가장 큰 에너지 덩어리로 알고 있는 태양은 2,000억×4,000억 개의 별 가운데 하나다. 태양은 우리에게 모든 것의 근원인 위대한 물질이지만 우주에서의 존재감은 1/2,000억×4,000억이다. 태양은 우주의 중심이 아니라 우주의 산간벽지 중에서도 아주 작은 귀퉁이에 살고 있는 하찮은 별에 불과하다.

우주에서 볼 때 지구의 존재감은 더 옹색하다. 작고 창백한 푸른 점에 불과하다. 우주에서 보면 우리가 사는 지구는 정말 보잘것없는 존재다. 우주의 광대함을 아무리 제한적으로 본다고 하더라도 지구의 위상은 거의 아무런 중요성도 지니지 못한 것으로 판단할 수밖에 없다. 하물며 인간은 더 말할 것도 없다. 인간은 우주를 떠도는 작은 먼지 조각에서 우연히 만들어진 존재이다.

과학은 사람들에게 우주로 가는 문을 열어 주었다. 하지만 우주 속의 인간의 위치에 대한 우리의 생각은 아직까지 철없는 어린아이의 수준에 불과하다. 우리는 영적으로나 문화적으로나 마비 상태가 되어버렸다. 그래서 우주의 광대함을 직시하지도 못하고 있으며, 자연의 그물 속에서 우리의 실제 자리를 찾아내지 못하고 있다.

·

칼 세이건은 경계가 없는 우주적 시각으로 볼 때 지구인들의 생각은 자기중심적이고 비합리적이라고 말한다. 예를 들어, 사람들은 우주에 존재하는 행성들 간의 거리를 표시할 때 천문단위(AU)라는 숫자를 쓴다. 1AU는 지구와 태양 사이의 거리를 나타낸다. 이것은 인간이 코스모스를 바라볼 때 지구 중심주의와 인간 중심주의의 오염된 관점에서 자유롭지 못하다는 증거이다. 우주에서의 측정 단위가 지구와 태양과의 거리와 어떤 관계가 있어야 한다고 생각하는 것 자체가 일종의 허위의식이라는 것이다.

칼 세이건은 인간이 이러한 허위의식을 갖게 된 문명사적 배경을 다음과 같이 진단하면서 지구 중심적 사고를 버려야 한다고 강조한다.

"문명의 발명 이래로 지금까지 이 세상에는 수많은 특권계급이 존재했었다. 이러한 특권 계급은 자신들의 기준과 가치관을 중심으로 사회의 모든 부분에 경계를 정한 후 다른 집단을 억압하면서 권력의 위계질서를 유지하려고 노력했다. 특권계급의 아이들은 특별한 노력을 하지 않아도 장차 그런 특권적 지위를 유지할 것이라고 기대하면서 자란다. 이런 아이들이 대개는 자라서 사회의 기득권 계급이 되고 과학자는 그 속에서 주로 탄생한다. 지구인들이 우주에 대한 특권을 가지게 된 것도 그러한 배경을 가지고 있다. 우리는 지구를 표현할 때 'the Earth'라고 쓰는데 이것이 특권적 사고의 전형이다. 정관사 the를 붙인다는 것은 결국 지구가 유일무이하다는 뜻이다. 코페르니쿠스가 옳다면 이 말은 'an earth'로 바뀌어야 한다."

— 칼 세이건, 〈코스모스〉

찰스 다윈도 인간의 특권의식을 깨뜨린 과학자이다. 사람들은 최소한 인간만큼은 자연계의 나머지 생물들하고는 경계가 뚜렷이 구별되는 별개의 존재임을 믿고 싶었다. 즉 우리는 지렁이나 딱정벌레, 도라지꽃이나 은행나무와는 전혀 다른 방식으로 생겨난 특별한 존재라는 기대감을 갖고 있었다. 하지만 찰스 다윈은 실험을 통해 우리 인간이 다른 모든 생물들과 같은 친척임을 보여주었다.

찰스 다윈이 밝혀낸 바에 의하면 인간과 여타의 생물 사이에는 본질적인 경계가 존재하지 않는다. 종은 따로따로 창조된 것이 아니라 다른 종에서 유래된 것이다. 우리 인간이라는 종도 마찬가지이다. 나비의 경우를 보아도 원래의 종과 그것이 환경에 적응해서 조금씩 바뀐 변종이라는 것은 그 구분이 애매하다. 어느 것이 진짜 종인지, 가짜 종인지를 구분하는 것은 무의미하다.

종은 끊임없이 변하며 모든 종은 개체로서의 존엄성을 갖고 있는 것이다. 인간만 존엄한 것이 아니라 모든 개체가 다 존엄한 것이다. 존엄하다는 입장에서 볼 때 만물 사이에는 어떠한 경계도 없는 것이다.

우리가 눈으로 지각할 수 있는 거시 세계만 그런 것이 아니라 눈으로 지각할 수 없는 미시세계에도 이런 원리가 그대로 적용된다. 아니 미시세계는 거시 세계보다 더 완벽한 무경계의 세계다.

최첨단 물리학 이론이라는 양자역학이 밝힌 바에 따르면 존재의 본질은 무無다. 물리학적으로 존재의 최소 단위인 원자의 세계를 이해하면 그런 결론에 고개를 끄덕일 수밖에 없다. 과학자들이 밝혀낸 바에 따르면, 물질에서 99.999999……퍼센트는 빈 공간이다. 물질에서 이런 빈 공간을 모조리 짜낼 수 있다면 우주의 모든 존재들은 각설탕만 한 크기로 압축시킬 수 있다.

원자는 무척 작다. 사람의 호흡을 예로 들면 한 번 숨을 내쉴 때마다 수천억 개의 원자가 방출된다. 그렇게 방출된 원자는 다른 생명체들이 들숨을 쉴 때 호흡기 속으로 유입된다. 우리가 마시는 공기 속에는 카이사르나 칭기즈칸, 아인슈타인 혹은 티라노사우루스가 뿜었던 원자가 포함되어 있을 수 있다. 원자는 시공간을 초월해서 공평하게 분포되고, 유지되고, 흐르고, 소통된다. 브라운운동의 원리에 따라 불규칙하게 무작위로 존재하다가 어느 순간 유기체의 체내로 흡입되었다가 다시 방출되는 순환을 반복하는 것이다. 존재와 존재 사이에 아무런 경계가 없기 때문에 그러한 임의적인 흐름과 순환이 가능한 것이다. 생명체 내에 어떤 본질적인 경계가 있다면 원자들이 튕겨져 나올 것이므로 그런 순환은 불가능하다.

원자보다 더 미시적 존재인 양자의 세계로 들어가면 이러한 경계는 더 엷어진다. 양자의 세계에서는 경계 자체가 존재하지 않는다. 직사각형 모양의 구멍 두 개를 뚫어 놓고 그 뒤편에 스크린을 설치한 후 두 개의 구멍을 향해 전자총을 발사할 때 일어나는 입자들의 간섭현상을 관찰한 이중 슬릿 실험으로 이러한 사실은 객관적으로 입증되었다. 발사된 전자는 인간의 눈 혹은 카메라의 눈에 의해 관측되기 전까지는 두 개의 구멍을 동시에 통과한다. 상식적으로는 있을 수 없는 일이지만 양자의 세계에서는 그것이 일반적인 현상이다.

하이젠베르크와 닐스 보어가 정립한 불확정성의 원리나 퀀텀 점프는 양자의 세계가 완벽한 무경계의 세상임을 천명한 대표적인 물리학 이론이다. 물질의 99.999999……퍼센트가 빈 공간임을 감안하면 인간은 먼지처럼 가볍고 자유로운 존재이다. 그래서 닐스 보어의 말처럼 서울에 있다가 순간적으로 '쓩' 하고 뉴욕에 나타날 수도 있고, 다시 '쓩' 하고 파리에 나타날 수도 있다. 시공간의 경계란 것은 우주나 물질의 본질에 비추어 볼 때 사실상 없는 것이나 마찬가지이다.

장자가 제물론 편에서 말하고 있듯이 '만물은 저것이 아닌 것이 없고, 이것이 아닌 것이 없다[物無非彼 物無非是].' 저것은 이것에서 나오고 이것은 저것에서 나오니 존재들 사이에 경계란 없는 것이며, 궁극적으로 볼 때 만물은 하나이다. 현실과 가상, 의식과 무의식

·

253

의 경계라는 것도 그렇다. 꿈과 현실은 서로를 반영한다. 꿈은 현실의 축소판이고 현실은 꿈의 확장판이다.

〈장자〉 제물론 편에 나오는 호접몽胡蝶夢 우화는 프로이트나 융보다 훨씬 먼저 의식의 본질을 통찰한 심리 과학이다. 천하를 천하에 보관하면 아무도 훔쳐 갈 수 없다고 한 '장천하어천하藏天下於天下'라는 말도 무경계 사상의 진수를 보여주는 에피소드이다.

경계를 지어 보관하면 아무리 자물쇠를 튼튼하게 해도 완벽하게 보안을 유지하는 것이 힘들다. 하지만 경계를 허물고 모두를 모두에게 공개하는 방식으로 생각을 바꾸면 간단하게 이 문제를 해결할 수 있다. 블록체인은 '장천하어천하'라는 장자의 사상을 보안에 적용해 성공한 혁신기술이다.

〈장자〉 소요유 편의 첫 머리에 나오는 대붕大鵬 이야기는 경계를 뛰어넘는 장자의 우주류 사상을 보여주는 대표적인 우화이다. 대붕 이야기는 '꿈을 크게 가지고 미래를 향해 비상하라'거나 '외물에 구애받지 말고 자유롭게 살라'는 교훈을 주고자 하는 자기계발류의 그런 우화가 아니다. 경계를 허물고 시공간을 초월할 때 비로소 패러다임 시프트가 가능하다는 메시지를 담고 있다.

〈장자〉 33편 가운데 가장 심오한 철학적 베이스를 가지고 있는 소요유 편 중에서도 첫 번째 우화로 등장하는 것도 그것이 장자의 사상을 상징하고 대표하기 때문이다. 대붕은 북쪽 바다에 사는 곤이라는 물고기가 순간적으로 변신해 탄생한 새이다. 곤은 양자 역학에서 말하는 '퀀텀 점프'처럼 한순간도 망설이지 않고 '쓩'하고 대붕으로 변한다. 그리고 곧바로 구만리 상공으로 치솟아 올라 6개월을 쉬지 않고 날아 남쪽 바다로 공간 이동을 한다. 종간 경계, 시공간의 경계를 완벽하게 초월한 것이다.

〈장자〉는 동양 고전의 하나로 2,500년 전에 쓰인 책이지만 4차 산업혁명 시대를 살아가는 우리들에게 풍부한 영감과 통찰력을 줄 수 있는 것도 〈장자〉에 나오는 다양한 우화들이 우주와 인간, 물질에 대한 본질을 정확하게 꿰뚫고 있기 때문이다. 기술과 문명도 장자가 말하는 방식으로 사유할 때 융합적 가치, 창조적 가치를 극대화시킬 수 있고, 그럴 때 비로소 진정한 혁신과 진보가 가능해진다.

장자,
경계와 융합에 대한 사유

초판 1쇄 발행   2021년 07월 10일

글쓴이   박영규
펴낸이   김왕기
편집부   원선화, 김한솔
디자인   푸른영토 디자인실

펴낸곳   (주)푸른영토
            주소   경기도 고양시 일산동구 장항동 865 코오롱레이크폴리스1차 A동 908호
            전화   (대표)031-925-2327   팩스 | 031-925-2328
            등록번호   제2005-24호.(2005년 4월 15일)
            홈페이지   www.blueterritory.com
            전자우편   book@blueterritory.com

ISBN 979-11-973205-2-1   03320
ⓒ박영규, 2021